刑事訴訟法判例総合解説
迅速な裁判／裁判の公開

● 刑事訴訟法判例総合解説 ●

迅速な裁判／裁判の公開

羽渕 清司 著

信山社

判例総合解説シリーズ

はしがき

　刑事訴訟法は，刑法等刑事実体法（犯罪と刑罰に関する法）を実現するための法，すなわち，刑事裁判のやり方を定めた手続法である。刑事訴訟（刑事裁判）は，公判廷において，検察官が起訴した犯罪事実の存否を証拠により確定したうえ，犯罪事実の存在が確定される場合には刑罰を宣告し，確定されない場合には無罪を言い渡すことを基本的構造とするが，刑事訴訟法には，この目的を実現し，実効あらしめるため，種々の法理や具体的制度が設計されている。迅速な裁判，公開裁判も，その一つであり，いずれも憲法自体が保障している重要な理念，法理である。前者は，公共の福祉の維持，個人の基本的人権の保障，事案の真相の究明（実体真実主義），適正な手続（適正手続の保障）とともに，刑事訴訟全体を貫く基本理念であり（刑訴法 1 条），裁判の遅延は裁判の拒否に等しいなどとも言われ，裁判が制度として成立するための最も根幹となる理念である。後者は，刑事訴訟の基本となる手続として，捜査・公訴の提起・公判・裁判と分けられるが，専ら公判の審理手続に関する基本法理である。公判における法理は，審理に関する法理と事実認定に関する法理により構成されるが，審理に関する法理には，裁判の公開（公開主義）のほか，集中審理主義，弁論主義，口頭主義，直接主義の法理があるが，裁判の公開は，国民に対し裁判の公正・適正を担保するための制度的保障として設計されている。

　ところで，法を適用するためには法の解釈が必要であり，法の適用は多かれ少なかれ抽象的な法の意味内容を解釈によって具体化する作業を前提とするが，判例は裁判所によってなされた法解釈の結論であり，特に裁判実務において重要な地位を占めている。裁判にあたって法律解釈・判断に疑問が生じれば，先ず判例を調べる。その事案に関する裁判例によって重要な手がかりを得ることができるばかりか，確定した判例があれば，これを無視して裁判をすることはできない。これを看過して判断すれば，裁判過誤ともなりかねない重大な事態となる。この「判例」という言葉は，種々の意味に使用され，その意義や効力について議論されているが，最終審の判断としての判例が他の判断（裁判例）とは異なった重要な意味があることについては異論がない。とりわけ，裁判所としてこのような解釈をとると評価できるような最終審の判例はこれを変更するについて制度上慎重であるべきことが要求され（裁判所法 10 条 3 号），刑事事件では判例違反が上告理由となる（刑

はしがき

訴法405条2号および3号)。そのほか，同法433条1項および少年法35条1項は，特別抗告理由につき上記と同様の規定をし，民事事件では上告裁判所である高等裁判所が事件を最高裁判所に移送する場合は，憲法その他の法令の解釈について，その高等裁判所の意見が最高裁判所の判例（これがない場合にあっては，大審院または上告裁判所もしくは控訴裁判所である高等裁判所の判例）と相反するときとしており（民訴規則203条），手続面で法律上の拘束力があるというべく，実際にも同種事件を裁判する裁判所の依拠するところとなり，判例を国家の命令・禁止の内容とみる一般人にとって行為の際の基準ともなっている。なお，従来，あまり意識されてこなかったことであるが，判例の確定度の問題がある。最終審の判例は，上記のとおり，法令解釈の統一および法的安定性を高めるための制度的保障がなされ，実際にも容易に変更されず，下級審の判例に比較して確定度はきわめて高いものといわなければならない。そして，最終審である最高裁判所の判例の中でも大法廷の判例は小法廷の判例よりも一般的に見て確定度が高いといえるし，少数意見の有無，その数の多少および内容も先例としての確定度を判断する上で参考になる。そこで，本書では，最高裁判所の判例については，法廷意見（多数意見）だけでなく，補足意見，反対意見も掲げることとした。

 2007年12月

       羽　渕　清　司

目　次

はしがき

迅速な裁判

はじめに………………………………………………………………………… *3*

第1章　序　　　説………………………………………………………… *5*

第1節　迅速な裁判の意義　【1-1】～【2-3】……………………… *5*

第2節　沿　　　革……………………………………………………… *9*

第3節　問 題 状 況……………………………………………………… *10*

第4節　本研究の方法…………………………………………………… *11*

第2章　迅速な裁判の保障の意義……………………………………… *13*

第1節　憲法37条1項の法的性格（迅速な裁判の権利性）………… *13*

第2節　被告人の迅速な裁判を受ける権利の意味内容……………… *14*

第3章　迅速な裁判を受ける権利の侵害（裁判遅延）……………… *17*

第1節　裁判遅延の原因・理由………………………………………… *17*

　　1　事件自体の性質・内容によるもの…………………………… *17*

　　2　当事者の事情，裁判に対する姿勢等によるもの…………… *18*

　　3　裁判所・裁判官の事情によるもの…………………………… *18*

第2節　迅速な裁判を受ける権利侵害（裁判遅延）の有無の判断… *19*

　　1　権利侵害（裁判遅延）有無の判断方法……………………… *19*

　　2　権利侵害（裁判遅延）有無の判断要素・判断基準等

目 次

　　　　【3-3】〜【20-3】 …………………………………………… *20*

第4章　迅速な裁判を受ける権利の侵害があった場合（憲法37条1項違反）の救済・効果等 ………… *43*

　　第1節　司法行政上の責任，措置 ………………………………… *43*
　　第2節　裁判上の救済・効果 ……………………………………… *43*
　　　1　裁判手続を打ち切ることはできないとするもの ………… *43*
　　　2　裁判手続を打ち切ることができるとするもの …………… *44*
　　第3節　迅速な裁判を受ける権利の保障条項違反と手続打切り …… *46*

第5章　迅速な裁判と裁判の促進・合理化，迅速な裁判と裁判の充実・適正との関係【21-3】〜【22-3】 …… *49*

第6章　迅速な裁判と裁判迅速化法，迅速な裁判と裁判員法 ……………………………………………………… *53*

裁判の公開

　はじめに ……………………………………………………………… *57*
第1章　序　　説 …………………………………………………… *59*
　　第1節　裁判の公開の意義 ………………………………………… *59*
　　第2節　沿　　革 …………………………………………………… *60*
　　第3節　問題状況 …………………………………………………… *61*

目　次

　　第 4 節　本研究の方法……………………………………………………*61*

第 2 章　裁判の公開の法的性格……………………………………*63*
　　第 1 節　被告人の権利としての裁判の公開（憲法 37 条 1 項）………*63*
　　第 2 節　国民（傍聴人）の権利・利益としての裁判の公開（憲法 82 条 1 項）……………………………………………………………*64*

第 3 章　裁判の公開の内容……………………………………………*65*
　　第 1 節　傍聴（裁判の見聞）……………………………………………*65*
　　第 2 節　写真撮影，速記，録音，録画，放送　【23-3】……………*66*
　　第 3 節　メ　　　モ　【24-1】～【24-3】………………………*68*
　　第 4 節　裁判の公開と報道の自由との関係　【25-3】………………*72*

第 4 章　公開の対象となる裁判の要件……………………………*73*
　　第 1 節　訴訟手続に関する裁判であること　【26-3】～【36-3】……*74*
　　第 2 節　対審および判決手続であること………………………………*90*
　　　　1　対　　　審　【37-3】…………………………………………*90*
　　　　2　判　　　決…………………………………………………………*91*

第 5 章　公開の原則に反して行われた裁判の救済・効果等…*93*

　　判例索引……………………………………………………………………*95*

迅速な裁判／裁判の公開　ix

判例集等略称

大　判	大審院民事部判決	高刑集	高等裁判所刑事判例集
最判(決)	最高裁判所判決(決定)	下級刑集	下級裁判所刑事判例集
高　判	高等裁判所判決	刑裁月報	刑事裁判月報
地　判	地方裁判所判決	刑事裁判集	最高裁判所裁判集　刑事
支　判	支部判決	判　時	判例時報
民　集	大審院民事判例集	判　タ	判例タイムズ
	最高裁判所民事判例集		
刑　集	大審院刑事判例集		
	最高裁判所刑事判例集		

＊　判例の引用文中，「よつて」「あつた」等は，便宜のため拗音「よって」「あった」とした。

＊＊判例番号の表記は，【1-1】の左側の数字は裁判例の整理番号，右側の数字は裁判所の審級（1審，2審，3審）を示している。

迅速な裁判

 刑事訴訟法判例総合解説

はじめに

　憲法37条1項は，「すべて刑事事件においては，被告人は，……裁判所の迅速な……裁判を受ける権利を有する」とし（アメリカ連邦憲法第6修正の「すべての刑事上の訴追において，被告人は，迅速な……裁判を受ける権利を有する」を母法とする。北脇敏一『新版・対訳アメリカ合衆国憲法』63頁参照），これを受けて刑事訴訟法1条は，「この法律は，……刑罰法令を……迅速に適用実現することを目的とする」，刑事訴訟規則1条は，「この規則は，憲法の所期する裁判の迅速……を図るようにこれを解釈し，運用しなければならない」と規定している。

　最高裁は，昭和47年12月20日，①迅速な裁判を受ける権利を定める憲法37条1項の保障は，単なるプログラム規定ではなく，自力実効性のある規定であり，②憲法37条1項の保障条項が護ろうとしている被告人の諸利益が著しく害せられていると認められる異常な事態が生ずるに至った場合には，迅速な裁判を受ける権利の侵害となり，③補充立法の措置がなくとも憲法37条1項により，④判決で免訴の言渡しをするのが相当である，旨判断した（【10-3】高田事件上告審判決）。最高裁として初めて，迅速な裁判を受ける権利の侵害を理由に刑事裁判手続を打ち切るという判断を示した。迅速な裁判を受ける権利の問題を研究・検討する場合，高田事件上告審判決を避けて通ることはできない。

　ところで，高田事件上告審判決以後，迅速な裁判を受ける権利の侵害があったとして裁判手続を打ち切った裁判例は皆無である。わが国の刑事裁判が，憲法37条1項に照らして問題なく迅速に行われているからであろうか。

　高田事件上告審判決に問題点はないか。

　高田事件上告審判決に対しては，多くの判例評釈，研究論文等が発表されているが，高田事件上告審判決の意義・内容・評価と，その余の裁判例を分析・検証することは，現在もなお重要な意味があることは間違いない。

第1章 序　　説

第1節　迅速な裁判の意義

　迅速な裁判の問題，すなわち「裁判」が「迅速」に行われたかどうかを検討する場合，「裁判」および「迅速」の意味内容を明確にしておく必要がある。

　この「裁判」に「公判審理」の迅速（審理の遅延）が含まれることに異論はないが，イ「被疑者段階」の迅速処理（公訴提起の遅延）が迅速な裁判の保障違反を構成するかについては争いがある。また，ロ「迅速」でない裁判とは，単に「長期間」を要した裁判だけを対象とするのか，裁判に要した期間自体は長期間とまではいえないが，当該事件に要した期間として「迅速性」の保障に違反する場合があるかである。

　㈠　まず，上記イの問題については，公訴提起の遅延と審理の遅延が相俟って全体として迅速な裁判の保障を考えるべきであるとする見解（鈴木茂嗣「迅速裁判違反と公訴時効をめぐって」法曹時報60巻9号32頁，野中俊彦ほか『憲法Ⅰ〔第3版〕』406頁，田宮裕『刑事訴訟法』有斐閣236参照）と，審理の遅延のみに限定され，公訴提起の遅延に対しては迅速な裁判の保障は及ばないとする見解（土本武司「公訴時効・迅速な裁判」ジュリスト908号44頁）がある。裁判上，公訴提起の遅延が迅速な裁判の保障に違反するかが争点となったものとして，次の熊本水俣病事件（【1-1】）がある。

　なお，以下，【1-1】の左側の数字は本書における裁判例の整理番号を，右側の数字は，1が第1審の，2が控訴審（抗告審）の，3が上告審（特別抗告審）の各判断を表示する。例えば，【1-2】は整理番号1の控訴審の判断（判決，決定），【1-3】は整理番号1の上告審の判断（判決，決定）を示す。

第1章 序　説

【1-1】　熊本地判昭 54・3・22 刑裁月報 11・3・168（熊本水俣病事件）

事実　被告人両名が業務上過失致死傷罪に問われた事案。過失とされる行為が昭和33年9月から昭和35年6月までに行われ，傷害の結果が発生したとされるのが昭和34年4月から昭和35年8月であるが，被害者7名のうち4名が昭和34年中に死亡し，また，うち胎児性水俣病とされる2名について，胎児性水俣病が日本病理学会に報告されたのが昭和38年4月であり，起訴されたのが昭和51年5月であるから，事件が発生して15年ないし16年以上経過して公訴が提起された。

判旨　「憲法37条1項に規定する迅速な裁判を受ける権利の保障は，元来，刑事被告人を当該刑事手続から迅速に開放することを直接の目的とするものであるが，刑事被告人が迅速な裁判を受けることによって享受する利益はこれのみに止まらず，長期間のうちに証拠が散逸することによって受ける不利益の防止など多数の副次的効果を生むものであり，このような効果は，公訴提起後の迅速な審理・裁判を受けることによって保障されるのは勿論であるが，起訴前の迅速な捜査と迅速な起訴とによってもたらされることも亦疑いのないところである。更に，被告人にとって著しく遅延した公訴の提起は，起訴後の審理・裁判の遅延より以上に不利益を蒙る場合が少なくないことなどを勘案すると，憲法37条1項の迅速な裁判を受ける権利の保障が，著しく遅延した公訴提起の禁止をも当然に含むものではないとしても，これを実質的に観察して，少なくともこのような公訴の提起はこれを禁止するのが，憲法37条1項の精神に合致するものであると考える」「このような著しく遅延した公訴の提起は，刑事訴訟法1条の規定に違反するものであるから，同法338条4号により公訴を棄却されるべきである」「しかしながら，胎児性水俣病が成人水俣病，小児水俣病とは別個の水俣病と確認されたのは，昭和37年9月のT教授の剖検によってであり，翌年4月日本病理学会に報告されて胎児性水俣病と呼称されたのであって，しかも胎児性水俣病と認定されるには病理解剖の結果を待たねばならない例が多く，本件被害者の一人であるAについても，昭和48年5月26日ごろ，……胎児性水俣病の疑いがあると診断されるまでは，脳性小児麻痺とされていたのであり，死亡後の病理解剖によって胎児性水俣病と認定されたのであるから，そのころからAに関する罪について捜査が可能となったものであるといわざるを得ない。そうだとすると，同人に関する業務上過失致死罪についての起訴は，その捜査過程に徴すると著しく遅延したものとは認められない」。

そして，控訴審も，公訴提起の著しい遅延が迅速な裁判の保障に反する場合があることを否定しない。

【1-2】　福岡高判昭 57・9・6 高刑集 35・2・85

判旨　控訴棄却。
「憲法37条1項は被告人の権利について規定したものである。したがって，これを直ちに被疑者についても適用されるとするものである限り，所論は既に失当というべきである」「憲法37条1項が刑事事件において，被告人に迅速な裁判

第1節　迅速な裁判の意義

を受ける権利を保障するゆえんは，審理が著しく遅延すると，長期間にわたり罪責の有無未定のまま被告人として放置されることにより，ひとり被告人に有形無形の社会的不利益を受けさせるばかりでなく，検察官においては通常被告人の有罪を立証しうる証拠を手中にしているのに反し，被告人の側では反対証拠を有することが少なく，当該手続においても，被告人又は証人の記憶の減退・喪失，関係人の死亡又は証拠物の減失などをきたし，そのために，被告人の防禦権の行使に種々の障害を生ずることを免れず，ひいては刑事司法の目的である事案の真相を明らかにし，刑罰法令を適正かつ迅速に適用実現することができないこととなるので，かかる弊害を防止せんとするものにほかならない」「迅速裁判条項の趣旨ないし精神を被疑者に推し及ぼすとしても，それは当該事件に関し捜査官が強制捜査の実行を開始した以降に限るのが相当である。けだし，被疑者が被告人とほぼ同等の社会的不利益を受けるに至るのは，捜査官において当該被疑者に対し強制捜査（逮捕又は証拠の収集保全のための強制処分）を開始した後からであり，通常は被疑者の逮捕をしたときからである。殊に，被疑者が前示のように防禦権の行使につき不利益を蒙るのも捜査官において右の強制捜査を開始したときからであり，他面，犯罪行為が終わったときから公訴提起に至るまでの間における被疑者の受くべき一般的不利益については，既に公訴時効制度によりこれを償っているのである。したがって，所論の迅速裁判条項の精神を被告人たる以前の段階に推及するとしても，それは当該被疑者に対し逮捕その他の強制捜査が開始された後に限らるべきであって，無制限に是認すべき理由は存しない」「原判決が被疑者一般についても，憲法37条1項の迅速裁判条項の精神を推及できるとした点において，無条件に同調することはできないが，しかし，本件公訴提起行為について著しい遅延はないとし，同条項違反を否定した原判決の判断は結論において正当である」。

しかし，最高裁は，公訴提起の著しい遅延が迅速な裁判の保障に反する場合があるかについては判断をしなかった。

【1-3】　最決昭63・2・29刑集42・2・314

判旨　上告棄却。
「本件公訴提起が事件発生から相当の長年月を経過した後になされていることは所論指摘のとおりであるが，本件が複雑な過程を経て発生した未曾有の公害事犯であって，事案の解明に格別の困難があったこと等の特殊事情に照らすと，いまだ公訴提起の遅延が著しいとまでは認められないから，前提を欠」く。
［裁判官伊藤正己の補足意見］
「憲法37条1項の規定は，公訴提起後の公判の段階において審理が著しく遅延した場合を考慮したものといえる。その文言が，被告人に対し裁判所における迅速な裁判を受ける権利を保障していることからもそのように解されるし，おそらくは，迅速な裁判の保障が問題となるのは，公判の過程において何らかの理由で長い年月を経過した場合であるということができよう。しかし，公訴提起が不当に遅延するときには，当然に迅速な裁判を受けることができないことになるといえるから，迅速な裁判の憲法上の保障は，単に公判の段階にとどまらず，捜査の段階全般にも及ぶものと解するのが相当である。もとより，公判については法

迅速な裁判　7

第1章 序　　説

律上時間的な限定がされていないのに反して，捜査については公訴時効が定められているところから，捜査の期間は限られており，それが不当に遷延して，その結果として憲法のいう迅速な裁判が実現できなくなるおそれは少ないかもしれないが，たとえ公訴時効が未完成であっても，公訴の提起が不当に遅延したときは，実質的にみて迅速な裁判を受ける権利が侵害されたものとして違憲の問題を生ずることがありうるというべきである」「原判決は，右保障の趣旨ないし精神を捜査の段階に推し及ぼすとしても，強制捜査の開始以降に限るべきものとしているが，むしろ憲法の趣旨と精神からみてそのように限定をする理由はなく，右の判断を是認することはできない」。

【2-3】 最判昭 44・12・5 刑集 23・12・1583

事実　満19歳3月の少年の業務上過失傷害被疑事件に対する捜査が，司法警察員の実況見分調書等に不備があり，その補正に7カ月余の日時を要し，また，検察庁の事件処理が年末事務処理のため遅延をみる等したことから，少年が成年に達し，家庭裁判所における保護処分を受ける機会を失ったという事案。

判旨　破棄差戻。
「少年の被疑事件について，家庭裁判所に送致するためには，司法警察員または検察官において，犯罪の嫌疑があると認め得る程度に証拠を収集し，捜査を遂げる必要があり，このことは少年法41条，42条の明定するところである。したがって，捜査機構，捜査官の捜査能力，事件の輻輳の程度，被疑事件の難易等の事情に左右されるとはいえ，その捜査にそれ相応の日時を要することはいうまでもなく，捜査に長期の日時を要したため，家庭裁判所に送致して審判を受ける機会が失われたとしても，それのみをもって少年法の趣旨に反し，捜査手続を違法であると速断することのできないことも，また，多言を要しない」「もっとも，捜査官において，家庭裁判所の審判の機会を失わせる意図をもってことさら捜査を遅らせ，あるいは，特段の事情もなくいたずらに事件の処理を放置しそのため手続を設けた制度の趣旨が失われる程度に著しく捜査の遅延をみる等，極めて重大な職務違反が認められる場合においては，捜査官の措置は，制度を設けた趣旨に反するものとして，違法となることがある」「本件において，原判決の確定した事実関係のもとにおいては，捜査に従事した警察官には，いまだ，前示のごとき極めて重大な職務違反があるとは認めがたいから，その捜査手続は，これを違法とすることはできない。これに反する原判示は，法令の解釈適用を誤ったものである」。

(ニ)　また，上記ロの問題については，今まで迅速な裁判の問題として正面から取り上げられてこなかったといってよいであろう（なお，【3-3】は，第1審の判決後，控訴審の第1回公判期日までに約5カ月かかった事案であるが，「本件の審理裁判が迅速を欠いたかの疑いを生ぜしめている」と指摘している）。

但し，ロについても（不当に長期間を要した事件についてはもちろんであるが），実務上，このことを考慮に入れた処理・運用がなされている。すなわち，量刑上の考慮のほか，身

柄事件（被疑者，被告人が勾留され審理されている事件）につき，未決勾留日数の本刑算入（刑法21条）において，通常必要とされる審理期間中の勾留は主刑に算入されないが，これを超える勾留日数（実務では，この本刑算入日数の算定方法につき種々の処理がなされているが，多くの場合，起訴後の1カ月間と2回目以降の公判期日につき各公判間に1週間は審理の準備に必要な期間とし，これを超える日数は審理自体には必ずしも必要でなかった勾留として主刑に算入されている）は，必ずしも審理に必要でなかった期間として主刑に算入するという扱いがなされている。実質的に無駄のない迅速な審理の観点からは，被告人に不当に不利にならないよう処理されているといえよう。

第2節 沿　　革

　昭和21年11月に公布された日本国憲法37条1項では，被告人の迅速な裁判を受ける権利を保障したが，昭和24年1月施行の刑事訴訟法では，この被告人の権利を具体的に保障する規定を欠いていた。そのこともあって，憲法37条1項の規定が存在するにもかかわらず，実務も学説も当初，迅速な裁判の問題を論じる場合の関心の中心は，裁判の遅延をどのようにして防止するか（訴訟促進・合理化）にあった。すなわち，憲法37条1項は，ただ単に迅速な裁判を抽象的に保障しただけで，この規定からは具体的な権利としての効力はないというのが大方の考えであり（法学協会編『註解日本国憲法』有斐閣，645頁），遅延による被告人の権利侵害に対する救済の視点は背後に押しやられていた。迅速な裁判が被告人の具体的権利として意識されていなかったといってよいであろう。

　ところで，旧刑事訴訟法では，起訴後も公訴時効の進行を認めていたことから，時効が完成する限り，これを超えて裁判が継続することはなく，裁判は打ち切られた。しかし現刑事訴訟法では，起訴により公訴時効が中断することとなったため，時効完成による裁判

第1章　序　　説

打切りの途はなくなった。このような中で，松尾浩也教授が，迅速な裁判の保障の問題を被告人の具体的権利ないし人権としての視点から捉えて，公訴棄却（刑訴法338条4号）の可能性を示され（「起訴状の紛失と迅速な裁判」警察研究34巻6号135頁），昭和37年5月16日には，東京地裁八王子支部において，第1回公判後10年間余放置されていた建造物侵入被告事件につき，刑訴法338条4号により，公訴棄却の判決をした（八王子職安事件【9-1】）。被告人の迅速な裁判を受ける権利を侵害したことを理由として，刑事裁判手続打切りの判断をした最初の裁判例である。この判決は東京高裁で破棄差戻され（【9-2】），最高裁でも支持されなかったが（【9-3】），これを契機に，迅速な裁判の問題が被告人の具体的権利としての側面から，活発な議論が展開されることになる。

そして，昭和47年12月20日，憲法37条1項を直接の根拠として，免訴による刑事裁判手続打切りを宣言した高田事件上告審判決が登場する（【10-3】）。しかし，留意すべきは，高田事件上告審判決以後も，迅速な裁判が問題となった裁判例は相当数存在するが，下級審の判断を含めて被告人の迅速な裁判を受ける権利が侵害されたとして刑事裁判手続打切りを認めたものはない。

第3節　問題状況

高田事件上告審判決により，迅速な裁判を受ける権利を定める憲法37条1項の保障は，プログラム規定ではなく，自力実効性のある規定であること，補充立法の措置がなくとも憲法37条1項により，手続打ち切りの判断ができることについては，判例として確立し，異論もないといってよい。問題は，高田事件上告審判決により，一応の判断が示されているとはいえ，①手続を打ち切ることのできる場合の判断基準（迅速な裁判を受ける権利侵害の有無の判断基準），②手続の打切りの方法として，憲法37条1項による免訴の言渡しでよいか，この場合に限定されるか，である。

上記①については，高田事件上告審判決における遅延判断の基準の検討，特に高田事件上告審判決の適用範囲，この判断基準の内容で問題はないかが指摘されている。②については，高田事件上告審判決はきわめて特異な事例判例というべきではないか，刑訴法337条4号による免訴ないし338条4号による公訴棄却が相当な場合があるのではないか（高田事件上告審判決はこれらを否定したものか），あるとすればその判断基準は憲法37条1項による免訴の言渡しの場合とは異なる基準と

ならないか，等々である。裁判例，学説とも，未だ十分な判断・検討がされていないといってよい。

第4節　本研究の方法

　迅速な裁判に関する問題を，裁判の迅速を図る（裁判を不当に遅延させない）という意味内容（広義）で捉えた場合，「被告人の権利としての迅速な裁判」（狭義）の問題のほか，裁判の感銘力・訴訟経済等の観点から要請される「裁判の促進・合理化」の問題も検討する必要がある。

　本研究は，主として前者（広義）を課題とするが，裁判の促進・合理化が裁判の充実・適正を損ない，憲法37条1項の保障する被告人の適正かつ迅速な裁判を侵害するおそれがあるので（適正・充実を無視した手抜き裁判による審理期間の短縮が典型例である），被告人の権利としての迅速な裁判と裁判の促進・合理化との関係，迅速な裁判と裁判の充実・適正との関係にも触れることとする。また，裁判の迅速化に関する法律（平成15年法律第107号。「裁判迅速化法」という）のほか，平成21年5月までに実施が予定されている裁判員の参加する刑事裁判に関する法律（平成16年法律第63号。「裁判員法」という。なお，裁判員が参加する裁判を「裁判員裁判」という）において，主として「裁判員の負担を軽減する」という観点から「迅速な裁判」が問題となり，これに関係した諸制度が設計されているので，若干検討を加えることとする。

第2章　迅速な裁判の保障の意義

第1節　憲法37条1項の法的性格
（迅速な裁判の権利性）

　憲法37条1項の被告人の迅速な裁判を受ける権利の保障につき，単なるプログラム規定（国に対し積極的配慮を求める権利を保障したものであるが，個々の国民に対し具体的権利として保障したものではなく，補充立法により初めて具体的権利として保障される）と解する立場（【3-3】【4-3】【10-2】）と，自力実効性を持つ規定（具体的権利を保障した規定）と解する立場（【10-3】）がある。

　ところで，前記のとおり，迅速な裁判の関心の中心は当初，訴訟遅延をどのようにして防止するか（訴訟の促進・合理化）にあり，迅速な裁判の保障が被告人の権利ないし人権として明確には意識されていなかった（【3-3】【4-3】【5-3】【6-3】）。その後迅速な裁判を受ける権利の保障を，被告人の権利ないし人権面から捉え，侵害があった場合には裁判手続を打切るべきとの見解（松尾浩也前掲「起訴状の紛失と迅速な裁判」警察研究34巻6号135頁以下，田宮裕「公訴時効についての2，3の問題」ジュリスト206号30頁，同「迅速な裁判を受ける権利㈠―㈢」警察研究35巻2-4号）や裁判例（【9-1】【10-1】）が現れる。これらはいずれも理論的には，憲法37条1項の被告人の迅速な裁判を受ける権利の保障をプログラム規定と解し，これが刑訴法337条4号ないし338条4号（刑訴法1条，刑訴規則1条）により具体化されているとの考えによるものなどといえようか。これに対し，憲法37条1項を単なるプログラム規定ではなく，この憲法規範自体を具体的権利規定と解する高田事件上告審判決（【10-3】）の登場となる。

第2章　迅速な裁判の保障の意義

第2節　被告人の迅速な裁判を受ける権利の意味内容

　迅速な裁判を被告人の権利ないし人権として捉える場合、その意味内容を検討しておく必要がある。被告人が無罪判決を受ける場合には、できる限り早急・迅速な審理が、被告人の権利ないし人権に資することは間違いないが、有罪率が100パーセント近いわが国の刑事裁判の現状において、迅速な裁判は、実質的には、被告人の刑を迅速に確定させ、迅速に刑に服させることを意味し、例えば、被告人に科される刑が極刑の場合に果たして迅速な裁判が被告人の権利ないし人権としての実体を具備しているといえるか疑問がないではない。被告人の防御にとって不可欠な充実・適正な裁判の保障を犠牲にして、被告人の迅速な裁判を受ける権利の名のもとに裁判が手抜きされることが許されないことはいうまでもないが（荒木伸怡『刑事訴訟法判例百選〔第8版〕』有斐閣127頁）、迅速を目指して遂行される裁判が全て、被告人の権利ないし人権としての迅速な裁判に沿うものといえるかは検討しておく必要がある。

　迅速な裁判の問題が、単に「被疑者・被告人の地位からの早期開放」（一般的に言って、訴訟が遅延すれば、長期間被疑者・被告人の座にいること自体で社会生活上不利益受けることは理解できるし、勾留中であれば長期間拘束されるという不利益がある）を意味するだけであれば単純である。また、裁判の長期化がもたらす、「被告人に有利な証拠の散逸・滅失による防御の不利益の回避」を、「迅速な裁判」が要請される理由とする見解もある。松尾浩也教授は、「被告人にとっては刑事裁判が終了し、『被告人』という不安定な半自由状態から開放されること自体が、多くの場合、大きな利益と考えられる」「被告人は、現実に身柄の拘束を受けることもあるし、そうでないときでも、公判期日への出頭の義務を負うほか、様々な法律上事実上の負担を課せられる。したがって、著しく重い刑の場合は格別として、一般には手続の迅速な終了は、被告人の利益を意味する」「迅速な裁判をもっぱら被告人の権利という角度からとらえると、被告人の利益に帰する範囲で、裁判の迅速な進行を図ること……である」と主張している。被告人が真に迅速な裁判を望む場合には、たとえ極刑が予想されるような場合でも、迅速な裁判が被告人の権利ないし人権を損なうものではないといって差し支えないであろう。

　これに対し被告人が希望しない、あるいは反対する場合には、憲法37条1項の迅速な裁判を受ける権利の保障とは関係のない、「裁判の促進・合理化」の意味しかないと言えようか（憲法37条1項の保障を、被告人の迅速な裁判を受ける権利として位置付け、被告

人の権利ないし人権として明確化しておくことは，わが国の刑事裁判の沿革からして，それなりに意義のあることではあるが，他方，裁判の促進・合理化への努力の全てを，充実・適正裁判に悖るものとして否定し去ることも問題であろう）。「迅速な裁判」を「被疑者・被告人の地位からの早期開放」という意味だけで被告人の権利ないし人権と解することにはやはり無理があるように思う。裁判の充実・適正，裁判の促進・合理化と，迅速な裁判を受ける権利とに関する今後の最重要課題であることを指摘しておきたい。

第3章　迅速な裁判を受ける権利の侵害（裁判遅延）

第1節　裁判遅延の原因・理由

　遅延の裁判例を考察する場合，その原因・理由を整理，検討しておく必要がある。裁判例の中において，裁判が長期化する原因・理由として，次のような事情があげられている。実際の裁判では，これらの原因・理由が複合化して長期化をもたらしているといってよい。

1　事件自体の性質・内容によるもの

　当事者の準備・立証活動，裁判所の争点整理・訴訟指揮の在り方，さらには捜査段階における被疑者の取調べ情況とも密接に関係している。

　㈠　同一事件において，多数の被告人が起訴されている場合

多数の被告人が同時に起訴され併合審理されている場合である。100人以上の被告人が同時に起訴される場合もある。いわゆる労働公安事件で多く見られる（石川元也「公安・労働事件における裁判の長期化」法時35巻11号34頁，西尾貢一「刑事裁判長期化の原因と対策」法時35巻11号24頁）。事件の基本的内容・実体が被告人ごとに異なることはなく，できる限り被告人間で裁判の内容に矛盾が生じないよう，合一的に事実を確定・判断すべきであるとの要請から，併合審理されたり，分離されて審理がほぼ終了した場合においても，他の審理継続中の被告人の審理待ちということで，「追って指定」とされ，裁判の遅延をきたすことになる。

　㈡　同一被告人について多数の犯罪事実が起訴されている場合

　㈢　証拠調べ・証拠の収集に長期間を要する場合

　精密司法とも関連する問題であるが，証人尋問でどの程度の時間を必要とするか，鑑定（時に精神鑑定，死因鑑定）が必要な場合に鑑定にどの程度の日時を要するか，自白の任意

第3章 迅速な裁判を受ける権利の侵害（裁判遅延）

性・信用性に関する立証をどうするかが，多くの場合に問題となっている。

 (四) 事案の複雑・困難

 法律上および事実認定上の問題点や争点が多数存在し，証拠調べも明確な焦点が定まらないまま長期化する場合である。このような事件では，上級審から差し戻されることが少なくなく，長期化は深刻である。

2 当事者の事情，裁判に対する姿勢等によるもの

 最大の課題は，弁護態勢の充実強化であろう。特に平成21年までに実施が予定される裁判員制度については，連日的開廷に対応し，裁判員に分かりやすい立証・審理を行うことのできる弁護人・検察官の確保が不可欠となろう。

 (一) 被告人の逃亡，病気等で出頭不能の場合
 (二) 弁護人・被告人の事情（刑事弁護に精通した弁護人の確保の困難さ，弁護人の多忙，非協力，引き延ばし作戦・法廷闘争等）で期日指定等が事実上困難な場合

 弁護人は，当該事件だけに専従しておらず，他事件関与の影響により，期日の開廷間隔が長くなるばかりか，事件の受任自体を拒否する場合もある。第1回公判期日から終結までの目標・予定を立て，これに見合う期日を一括指定するなどの工夫もされているが（田崎文夫「迅速な裁判をどのように実現すべきか」刑事訴訟法の争点増刊（松尾浩也編）148頁），被告人および弁護人の積極的な協力が得られない限り，解決しない問題である。裁判官・検察官・弁護人間の信頼関係が前提であるが，そのためには個々の弁護士の対応ではなく，刑事裁判に対する弁護士会の対応，在り方についての議論，取り決めが必要であろう（佐々木史朗「迅速な裁判」司法研修所論集59号274頁）。個々の弁護人との個別的解決には限界がある。裁判所の審理計画に則って公判期日を設定しても，その期日に出頭せず，極端な事例では弁護人の辞任と選任が繰り返され，審理の空転を避けることは困難である。

3 裁判所・裁判官の事情によるもの

 実際の裁判例からみても，裁判所・裁判官の怠慢，担当事件の放置も長期化の原因であることは否定できない。判例の中の補足意見や反対意見において，厳しく指摘されているところである。

 (一) 審理の放置，怠慢
 (二) 事前準備，訴訟指揮，争点整理の不充分
 (三) 裁判官・書記官等人的及び物的態勢の不備

4 その他

諸外国に比して，わが国の捜査，審理が詳細かつ緻密で，証拠調べ，判決書を含む事実認定が詳細すぎる（精密司法）。一般的に，犯罪構成要件が概括的で法定刑の幅が広く，適正な量刑をするためには，事実認定が細かくならざるを得ず，裁判が長期化する原因であると指摘されている。専ら検察官，裁判官の問題といえよう。

第2節　迅速な裁判を受ける権利侵害（裁判遅延）の有無の判断

被告人の迅速な裁判を受ける権利が侵害され，刑事裁判手続打切りの効果が生じる場合の判断方法，判断要素・判断基準等の問題である。

1　権利侵害（裁判遅延）有無の判断方法

迅速な裁判の保障に反すると判断する方法は，一般論として，単に遅延の期間のみによって一律に判断されるべきでなく，遅延の原因や理由などを勘案し，その遅延がやむを得ないものと認められないか，これによって憲法の迅速な裁判の保障条項の護ろうとしている諸利益が，どの程度実際に害されているかなどの諸般の事情を，総合的に判断して決せられることになる（【10-3】）。事柄の性質上，総合的判断とならざるを得ないが（総合的判断は，迅速な裁判を受ける権利侵害がないという判断へ傾斜する危険がある），裁判手続を打ち切るかどうかの判断基準としては，やはり遅延の期間自体が最重要要素であること

は間違いない。その他遅延判断の一般的要素として，イ　被告人側の事情によるものとして，①被告人が迅速な裁判を受ける権利を放棄したと認められるか（権利放棄論），②被告人が迅速な裁判を促すことをしたか（要求法理），③裁判遅延について，被告人に帰責事由があったか（帰責論），④被告人側に重大な不利益が発生したか（不利益論。ⅰ　有形無形の社会的不利益　ⅱ　防御権行使上の障害が考えられる），ロ　事件・審理自体が複雑困難で，その性質上，遅延がやむを得ないものか（性質論），ハ　裁判所・裁判官に怠慢，審理の放置がなかったか（怠慢・放置論），等が指摘できよう（なお，米連邦最高裁は，1972（昭和47）年6月22日，Barker v. Wingo事件において，①遅延の期間，②遅延の理由，③被告人の権利主張の有無，④被告人の不利益という要素を総合考慮して決定すべきとしている）。

2　権利侵害（裁判遅延）有無の判断要素・判断基準等

憲法37条1項と遅延判断要素・判断基準との関係につき，同条項を被告人の迅速な裁判を受ける権利としてこれを積極的に保障するための規定と解釈する立場では，遅延の期間，被告人側に重大な不利益を生じたか否か，期間の経過による可罰性の減少の有無・程度等を重視することになり，他方，同条項を迅速な裁判の要請の根拠と解する立場では，専ら実体的真実発見の困難性を重視することになろう（横山實「迅速な裁判を受ける権利をめぐる判例の研究」國學院法学20巻2号153頁参照）。主な裁判例を整理すると次のようになる。

(1)　迅速な裁判を受ける権利の保障に反するとしても，裁判を打ち切ることはできないとしたもの

当初の裁判例の大半は，裁判が迅速を欠き憲法37条1項に反するとしても，具体的救済規定がないので，裁判を打ち切ることはできないとした。次のものがその例である。

【3-3】　最判昭23・12・22刑集2・14・1853

事実　起訴後控訴審判決まで6カ月半（第1審の判決言渡後，控訴審の第1回公判期日までに約5カ月）を要した事案。本件は昭和22年12月14日に敢行された窃盗事件（連合国占領軍将兵所有の現金900円外雑品20数点を，在米兵舎内で窃取）であり，昭和22年12月24日起訴，昭和23年2月9日第1回公判，同日判決（有罪），昭和23年6月30日控訴審第1回公判，昭和23年7月9日控訴棄却されている。

判旨　上告棄却。
「刑事事件の輻輳と裁判所職員の手不足等による上訴記録の整理及び送致の遅延に基因する

第2節　迅速な裁判を受ける権利侵害（裁判遅延）の有無の判断

ものと推知されるが，これがために本件の審理裁判が迅速を欠いたかの嫌いを生ぜしめている。もっとも，本件の裁判が，裁判の迅速を保障する憲法37条第1項に違反するかしないかは，更に諸般の事情を究明した上でなければ，にわかに断定することができない」「裁判の遅延が担当裁判官の責に帰すべき事由による場合には，その裁判官は，司法行政上その他の責を問われることのあるべきことは当然であろう。しかし，裁判に迅速を欠いた違法があるからといって，第2審判決を破棄すべきものとすれば，差し戻すの外はない。しかし，そうしたならば，裁判の進行は更に一層阻害されて，憲法の保障はいよいよ裏切られる矛盾を生ずるであろう。それ故裁判が迅速を欠き憲法37条第1項に違反したとしても，それは判決に影響を及ぼさないことが明らかである」。

本判例は，旧刑訴法の施行中に生じたものであり，そもそも裁判の迅速を欠いた違法自体は裁判官の責めに帰すべき事由による場合でも裁判打切りの理由にはならないとしたものであるが，しばらくの間，その後の遅延が問題となった裁判に引用されて引き継がれることになる。

【4-3】　最判昭24・3・12 刑集3・3・293

事実　本件は，昭和22年5月9日起訴，同月31日第1審判決，翌6月4日被告人より控訴の申立，翌7月10日控訴審へ記録送致，翌23年7月14日第1回公判，即日結審して同月30日控訴棄却。控訴審が事件を受理してから，公判期日を指定するまで11カ月を経過し，その間，審理の進行について，何らかの考慮を払った形跡は記録上ない（なお，本判例は，現行の新刑事訴訟法が昭和24年1月1日に施行され，「迅速な裁判」をめぐっての最高裁の初めての判断である）。

判旨　上告棄却。
「裁判が迅速に行われたかどうかは，事案の性質，内容その他諸般の状況，殊に本件のごとき被告人が当初から不拘束であった場合，他の長期勾留の被告事件が輻輳していて，これらを優先的に処理する必要上，本件が遅延を余儀なくされたのではないか等について十分の検討を加えた上でなければ，軽々にこれを断ずることはできないのであるが，……本件の審理は，迅速に行われたものとは言い難い。しかしながら，仮に本件原審の裁判が迅速を欠いたとしても，その故を以て，原判決を破棄すべき理由とすることのできないことは，すでに，当裁判所の判例（【3-3】）とするところである。」

【5-3】　最判昭24・11・30 刑集3・11・1857

事実　逮捕状が発付され，強制処分により勾留から第2審終結まで400日有余，拘禁された事案。

判旨　上告棄却。
「裁判が迅速を欠いたかどうかということは場合によっては係官の責任の問題を生ずるかも

第3章　迅速な裁判を受ける権利の侵害（裁判遅延）

知れないけれども，そのため判決破棄の理由となるものではないこと当裁判所の判例（【3-3】）とするところである」「憲法上の権利は被告人が自ら行使すべきもので裁判所，検察官等は被告人がこの権利を行使する機会を与え，その行使を妨げなければいい」。

【6-3】　最判昭25・7・7刑集4・7・1226

事実　第1審において昭和23年4月19日に判決の言渡しがあり，控訴審へ記録の送付があったのは同年12月21日，控訴審は昭和24年8月3日公判期日を同年9月12日と指定した事案。

判旨　上告棄却。
「期日の指定が8月後になっている事実は同裁判所において事案が輻輳していることを示すものであって，不幸にしてかような客観的情勢の結果により審判が遅れ憲法第37条1項に違反したとしても，それは判決に影響を及ぼさないことが明らかである」。

【7-3】　最判昭33・6・26刑集12・10・2319

事実　控訴審の判決言渡後に起訴状と記録を紛失したため，上告後最高裁への送付が5年7カ月遅延した。

判旨　上告棄却。
「所論のような事由を以て上告理由とすることのできないことは当裁判所の既に判例（【3-3】）とするところである」。

【8-3】　最判昭41・3・30判タ191・200

事実　被告人両名に対し，他の4名の者とともに昭和25年3月15日在宅で起訴されたが，同年12月8日の第1回公判期日の召喚状が送達不能となり，裁判所は検察庁に対し，被告人両名の所在の捜査を嘱託したが，その後なんらの回答もないまま約10年が経過し，昭和35年10月になってその所在についての回答があり，昭和36年1月31日，公判期日を同年3月31日と指定した事案。

判旨　控訴棄却。
「被告人両名に対する原審公判手続の開始が遅れたのは，召喚状の送達の可能であった他の相被告人の場合と違って，その所在が不明で召喚状の送達ができなかったためであり，裁判所としては検察庁に所在の捜査を嘱託しその回答をまっていたわけであるが，それにしても，10年近い年月の間検察庁がその所在の捜査にどれほどの努力を続けたかは記録の上では明らかでなく，あるいは漫然放置してあったのではないかという疑いもかなり存するところであり，また裁判所としてもその間にその所在捜査を督促した形跡はないのであって，そこになんらの手落ちもなかったと断言することができないのは，まことに遺憾だとしなければならない。しかしながら，裁判所としては

第2節　迅速な裁判を受ける権利侵害（裁判遅延）の有無の判断

ともかくも被告人の所在が判明しない以上訴訟を進行させることができないのは当然であり，被告人両名に対する公判手続の実質的な開始が遅れた事情は，初めから所在が判明していて公判手続の進行が可能であった他の相被告人の場合とは相当趣きを異にするのである。のみならず，刑事訴訟規則第62条によれば，被告人は書類の送達を受けるため書面でその住居を裁判所に届け出なければならないことになっているのに，被告人両名はその届出をせず，それが召喚状不送達の直接の原因となっていることをも考えなければならない」「これらの点をかれこれ考えてみると，被告人両名については，はたして日本国憲法第37条1項の規定する迅速な裁判を受ける権利を侵害されたといえるかどうかについても疑問があるうえにたとえ右の規定の趣旨に反することになったとしても，それが原判決破棄の理由にならない」。

(2) 迅速な裁判を受ける権利の保障に反し，かつ，裁判を打ち切るとしたもの

【9-1】　東京地八王子支判昭37・5・16下級刑集4・5-6・444（八王子職安事件）

事実　被告人らは，昭和25年3月3日，職業安定所につめかけ，所長らに対して市町村民税の免除，交通費の事業主負担，地下足袋・作業服の無償配給，同日の旅費日当の支払い，団体交渉を認めることなどの要求や完全就労の要求を再三の退去要求にもかかわらず続けたため，昭和25年3月15日，建造物侵入罪で起訴された事案（八王子職安事件）。昭和25年12月8日の第1回公判期日に被告人全員が不出頭であったため，期日が延期され，追って指定となったが，一部の被告人に起訴状不送達，その後全被告人について起訴状が送達不能になっているものとして取り扱われたため，第2回公判期日は約10年5カ月後の昭和36年5月9日であった。

判旨　「本件の場合には，被告人両名について手続がはなはだしく長期間不当に放置されていたものというべきであり，このような極限的事例においては，これにより訴追の相当性は救いがたい影響を受け，手続の正義を支えるべき訴追の正当な利益が失われるに至ったものと考えなければならない。そして，このような意味における訴追の正当な利益の存続は，公訴の適法要件として刑訴法が本来当然に要求するところであると解すべきであるから，結局，被告人両名に対する本件公訴は，適法要件を欠くに至ったものであり，公訴提起の手続自体が不適法であった場合に準じて，刑訴法338条4号により公訴棄却の判決をしなければならない」。

ところが，控訴審である東京高裁は，検察官の控訴を認めて破棄差戻した。

【9-2】　東京高判昭38・6・24判時338・43

判旨　破棄差戻。
「約10年余の審判の放置は，たしかに迅速な裁判の要請を無視するものであって大いに責められなければならない。しかし……本件が訴訟の遅延でなく，訴訟の放棄にひとしいとしても，

第3章　迅速な裁判を受ける権利の侵害（裁判遅延）

その責任たるや，司法行政上のそれであって，訴訟手続法は全く関知しないのである。……刑訴法第338条第4号は，公訴の提起の手続がその規定に違反して無効であるときに，判決で公訴を棄却しなければならないとしているが，この規定たるや，公訴の提起がその提起のときに，その手続規定に違反した場合のみに関するのであって，それ以外の場合を全く予想してはいないし，なお，また適式に提起された公訴が，その後の事情により無効に帰するというがごとき理論の正当性も認め得ない。……訴追が正当な利益を失うに至ったと判断される場合があるとするならば，公訴にかかる事件の実体関係に対する判決において，その趣旨を盛るような判断を示すべき」。

なお，東京高裁の上記「公訴にかかる事件の実体関係に対する判決において，その趣旨を盛るような判断を示すべき」旨の判示について，荒木伸怡教授は，東京高裁が免訴を意図したとは考えられないし，量刑における斟酌を意図したのであれば到底賛同できない旨述べている（荒木伸怡『迅速な裁判を受ける権利』成文堂，92頁）。

上告審である最高裁も，東京高裁の判断を維持して，被告人の上告を棄却した。

【9-3】　最判昭38・12・27判時359・62

判旨　上告棄却。
「裁判が迅速を欠き憲法37条1項の趣旨に反する結果となったとしても，場合により係官の責任の問題を生ずるかも知れないが，そのため判決破棄の理由となるものでないことは当裁判所の判例とするところである」。

これらの判決に接して，田宮裕教授は次のように述べている（田宮裕「起訴後10年間の事件の放置と迅速な裁判の要求」判時343号43頁）。「憲法は，ただ単に迅速な裁判を一般に保障しただけで，これを具体化する法律上の担保手段は何も設けなかった。成文上の根拠を小心翼翼と求めなければ気のすまない，極めてポジティビスティックなわが国の裁判所に，この憲法の規定だけから，有効な具体的法則を発展させるなどということは，のぞみうべくもないだろう。……こういう事情の中にあって，本事件の裁判所が2つとも迅速な裁判に反するといったのは，それだけの実質をもった極端な事例ではあったが，やはり意義深い」「控訴審の判決や最高裁判所の判例が示している司法行政上の措置だけでは，迅速な裁判の保障が有名無実になる，とまでいわなくても，その施行方法として弱いことは確かで，憲法の保障の下に横たわる理由を考えると，憲法がこの程度の弱い担保で満足していると解することは難しい」「刑事訴訟法338条4号を公訴棄却の一般条項であると解し，それを根拠に迅速な裁判に違反する場合は，公訴棄却すべきだ」「一事不再理の効力がないから，再訴されてしまい，結局効力がないものになるという批判はあるが既判力の効力によって，公訴棄却後の再訴は禁じられ

第 2 節　迅速な裁判を受ける権利侵害（裁判遅延）の有無の判断

る」。八王子職安事件の裁判例以後，裁判の迅速の問題が活発に議論されることになる。

【10－1】　名古屋地判昭 44・9・25 判時 570・18（高田事件第 1 審判決）

事実　被告人たちが，共謀して大韓民国居留民団の姜末律の家に押しかけ，多衆の威力をもって石塊や煉瓦等を投げつけ，次いで，昭和 27 年 6 月 26 日，名古屋市の高田巡査派出所に押し寄せて，石塊や煉瓦等を投げつけるとともに，火焔瓶 6 本を投げ入れた等，放火及ビ暴行行為等処罰ニ関スル法律違反，爆発物取締罰則違反行為および姜方の硝子等を損壊しかつ姜らに傷害を与えたという事件（高田事件）。第 1 回公判が昭和 27 年 11 月 13 日に開かれ，審理が開始されたが，昭和 28 年 8 月 3 日に次回期日を取り消し，追って期日を指定する旨を決定し，以来，本件の判決裁判所が，手続を更新して引き継いだ昭和 44 年 6 月 10 日までの間，何ら手続も実施されることなく放置された。

判旨　免訴。
「当裁判所が新たに公判手続を更新して，事件を引継ぐまでの 15 年余り間，いずれも 1 回の公判期日も開かれることなく……打ち過ごされてきたものである。……今日では既に本件発生当時とは社会情勢も著しく変化し，ことに本件の大部分の背景となっている所謂朝鮮動乱 2 周年記念日を中心とする朝鮮解放救国闘争月間中における闘争なるものの有する政治的，社会的意味も，今や遠く過去のものとなったと言っても過言ではなく，それとともに，右の犯罪の社会的影響も非常に微弱化したものと謂わざるを得ず，ことに本件では一応公訴が提起され少々の実体審理がなされたとはいえ，その後 15 年もしくは 16 年も放置され続けたことにより，時の経過による可罰性の減少には，著しいものがあるとせざるを得ない」。

「時の経過による証拠の散逸について考察するに，本件犯行の現場や附近の地理的状況等については，その発生当時とは，相当様相の変化があったであろうことは否み難く，このことは検察官側がかねてより申請していた高田事件の共謀場所であるとする旧朝連瑞穂支部事務所……の検証について，当裁判所の公判手続更新の際に至り，右両事務所消滅の故を以ってその申請を撤回せざるを得なくなったことにおいて如実に窺われるのであるが，例えば右……事務所について，被告人側から同事務所では狭隘で検察官が主張するほどの多数を収容する能力がなかったとの主張がなされてきたものである。或は現在は存在しなくなってしまった建物や或は事件発生当事とくらべてすっかり変わってしまった地理的状況の中にも，場合によっては，被告人側に有利な証拠となるものもあるのではないかと，危惧されるのである。次に，人証についてこれをみるに，17 年余もの長年月の経過によって，事件と直接関係のない目撃証人やアリバイ証人はもとより被告人自身の記憶すら，曖昧不確実なものとなり，そのため，今から仮に証人尋問や被告人質問をしたとしても，記憶の錯誤や憶測等が混入されたり，或はまた肝心な点が全く忘却されていたりして，真実追及のために正確にして説得力のある供述を得ることは非常に難しい。……ところで刑事訴訟法は憲法第 37 条第 2 項の刑事被告人の証人尋問権の保障の精神に則り……当事者主義乃至直接口頭弁論主義を基調とし……伝聞証拠排除の建前をとり，供述証拠に関しては，証人，相被告人等の公判廷における直接の供述に

第3章　迅速な裁判を受ける権利の侵害（裁判遅延）

よるべきものとしているのである。然るに右に述べた如き裁判審理の長期に亘る空白期間の存在によりもたらされた証人，被告人等の全般的な著しい記憶の喪失現象は，いきおい捜査段階において採集された供述調書に事実認定の多くを頼らざるを得なくする結果，右刑事訴訟法の原則の遵守は事実上著しく阻害されるおそれが多分に存する……一般に被告人に対して訴追者側の如くに自己に有利な証拠を書面等の形で確保しておくよう期待することは無理なことであるので，右のような供述調書中心の裁判となると，その結果はしばしば被告人に不当に不利益となることは明らかである……今これを具体的に本件について眺めてみると，多数の被告人らが彼らのアリバイを主張しているが，それを立証するためにそのアリバイ証人の現在の居所を探し出し，その記憶を喚起させることは今となっては極めて困難なことは容易に推察し得るところであるが，当然のこととして被告人らのうち誰一人としてそのアリバイ証人の供述録取書等をあらかじめ作成していた者はないのである。このようにして，時の経過による証拠の散逸によって，被告人側の受ける不利益には甚大なものがあるのである。……記録を精査しても，被告人らが，殊更に裁判の長期化を目指して，公判審理の妨害乃至引延ばしを図った等，専ら被告人等の責めに帰すべき原因で，本件訴訟が遅延したものと，認むべき資料も発見できないし，この遅延が，何らかの特別の事情により，真に已むを得ないものであったとも，認めることもできない」
「なるほど……所謂大須事件を優先して審理し，その審理の終了を待った上で本件の審理に入ってもらいたい旨の要望が弁護人側からなされたことも本裁判遅延の一因であったであろうことは，当裁判所もこれを認めるに吝かではないが，右大須事件と共通になっていないその他の被告人も10名も

いることであるし，……よしかかる弁護側の要望があったからといって，裁判所がこのように長い間事件を審理しないで置いておいて良いものではな」い。
「かような事態は実質的審理を継続して行いつつも，事案の複雑さ，多数被告人の関与その他諸般の事情からやむをえず裁判が長期に及んだ場合とその性質を異にし，刑事訴訟法の全く予想だにしていない異常な事態というの外ないものである。……公訴時効制度の本来の趣旨に思いを至すならば，……実質審理を残したままいたずらに長期間を経過したような事態が生じた場合には，実質的には公訴の時効が完成した場合と同様の効果を生ずることを認めざるを得ない」。
「本件裁判の実態は……迅速な裁判の要請に真向から反するものといえよう。必要以上に長期にわたって，刑事被告人という極めて不安定な地位に置かれたことにより，被告人らに与えられて来た精神的不安乃至苦痛，結婚，就職等，社会経済生活上における支障，被告人らの家族，親類等にまで及ぼしたであろう長期にわたる暗い陰，更には朝鮮人である被告人らが，裁判継続中であるがためにその母国へ帰ることもできなかった……こと等その不利益は計り知れないものがあるものと認められ，被告人らがこのように長期間放置された裁判のために既に支払って来た犠牲はあまりにも大きいものがあると言わざるを得ない。而して当裁判所は，迅速な裁判を保障した右憲法第37条第1項の規定が，単なるプログラム規定に留まらず，刑事被告人……の具体的権利を保障した強行規定と解するところ，……本件は，まさに右憲法によって保障された被告人の迅速な裁判を受ける権利を著しく侵害するに至ったものと言わざるを得ないのである。而して当裁判所において今後本件につきさらに実質審理を進めるならば，さらに相

当の日時を必要とされることは当然予測さるべきところであるが，これ以上の訴訟の継続はますます被告人らにのみ過大の苦痛と犠牲とを強いる結果となり，刑事被告人の右憲法上の権利をますます侵害し，もって憲法に謳われた被告人の人権保障の精神を無視し去ることにもなりかねないので……これ以上本件訴訟を進行させることはもはや許されないものと解せざるを得ない。なるほど憲法に違反する訴訟遅延が生じた場合の被告人の救済方法について現行刑事訴訟法上は何らの具体的な明文規定を設けていないが，そのことから直ちにそのような訴訟遅延に対して裁判所が何らかの訴訟法的措置を採らなくてよいとか，採るべきでないということにはならないのであって，場合場合に応じて，憲法の理念を全うするべく，個個の法条を合目的的に，かつ時にはある程度弾力性をもたせて解釈し，もって妥当なる結論に到達するようつとめなければならない。本件においては，先に述べた如く，その実体は正しく公訴時効が完成したかの如き効果が発生しているのであり，刑事訴訟法第1条に掲げられた刑罰法令の適性且つ迅速な適用実現の理念は同法各条文を解釈運用する際の指針となるべきものであることを考えると，結局本件においては公訴時効が完成した場合に準じ，刑事訴訟法第337条第4項により，被告人らをいずれも免訴にするのが相当であると思料する」。

ところが，控訴審である名古屋高裁は，検察官の控訴を認めて，破棄差戻しの判断をした。

【10-2】 名古屋高判昭45・7・16判時602・45（高田事件控訴審判決）

判旨 破棄差戻。
「原裁判所が，……15年余の間全く本件の審理を行なわないで放置し，これがため本件の裁判を著しく遅延させる事態を招いたのは，まさにこの憲法によって保障された本件被告人らの迅速な裁判を受ける権利を侵害したものといわざるを得ない」が，「刑事被告人の迅速な裁判を受ける憲法上の権利を現実に保障するためには，いわゆる補充立法により，裁判の遅延から被告人を救済する方法が具体的に定められていることが先決である」「刑訴法254条1項の規定と真正面から衝突するばかりでなく，法の合目的的，弾力的解釈の名のもとに，本来立法をもって解決されるべき裁判遅延の救済方法を任意に案出し，免訴事由を新たに追加立法したにひとしいものであって，……法解釈の限度を著しく逸脱したものといわざるを得ない」「憲法および刑訴法の解釈から当然には，形式裁判により遅延した訴訟を打切るべきものとする結論は導き出されない」「裁判の遅延からいかなる方法をもって被告人を救済するかは，立法により解決されるべき問題であり，……現行法制のもとにおいては……裁判所としては救済の仕様がない」。

上記名古屋高裁は，被告人の救済方法を定めた補充立法がないことを理由に第1審の免訴判決を破棄して差戻しの判決を言い渡したものである。ところで，【3-3】は，裁判が迅速を欠き憲法の趣旨に反する結果となったとしても，そのため判決破棄の理由にならな

第3章 迅速な裁判を受ける権利の侵害（裁判遅延）

いとしているが、その理由は「裁判に迅速を欠いた違法があるからといって、第2審判決を破棄すべきものとすれば、差戻すの外はない。しかし、そうしたならば、裁判の進行は更に一層阻害されて、憲法の保障はいよいよ裏切られる矛盾を生ずる」ことになるとしている。本件は、【3-3】とは事案を異にし、違憲の裁判の遅延があるのにこれを無視した原判決に対し被告人側から控訴の申立てがあったのとは異なり、原判決が違憲の裁判の遅延があると判断したのに対し、検察官から控訴の申立てがあったケースである。本件につき、裁判の迅速性を欠いたことにより違憲と判断されるのであれば、控訴を棄却すれば足り、これにより危惧される裁判の進行が一層阻害されるような現象は生起する余地はない。本判決は【3-3】に拘束されたものと見ることはできないのみならず、かえって最高裁のおそれた「裁判の進行の一層の阻害」を惹起している。

【10-3】 最判昭47・12・20刑集26・10・631
（高田事件上告審判決）

判旨 破棄自判・検察官の控訴棄却（第1審の免訴判決が確定）。

「憲法37条1項の保障する迅速な裁判をうける権利は、憲法の保障する基本的な人権の一つであり、右条項は、単に迅速な裁判を一般的に保障するために必要な立法上および司法行政上の措置をとるべきことを要請するにとどまらず、さらに個々の刑事事件について、現実に右の保障に明らかに反し、審理の著しい遅延の結果、迅速な裁判をうける被告人の権利が害せられたと認められる異常な事態が生じた場合には、これに対処すべき具体的規定がなくても、もはや当該被告人に対する手続の続行を許さず、その審理を打ち切るという非常救済手段がとられるべきことをも認めている趣旨の規定であると解する。」

「刑事事件について審理が著しく遅延するときは、被告人としては長期間罪責の有無未定のまま放置されることにより、ひとり有形無形の社会的不利益を受けるばかりでなく、当該手続においても、被告人または証人の記憶の減退・喪失、関係人の死亡、証拠物の滅失などをきたし、ために被告人の防禦権の行使に種々の障害を生ずることをまぬがれず、ひいては、刑事司法の理念である、事案の真相を明らかにし、罪なき者を罰せず罪あるものを逸せず、刑罰法令を適正かつ迅速に適用実現するという目的を達することができないこととなるのである。上記憲法の迅速な裁判の保障条項は、かかる弊害発生の防止をその趣旨とするものにほかならない。もっとも、『迅速な裁判』とは、具体的な事件ごとに諸々の条件との関連において決定されるべき相対的な観念であるから、憲法の右保障条項の趣旨を十分に活かすためには、具体的な補充立法の措置を講じて問題の解決をはかることが望ましいのであるが、かかる立法措置を欠く場合においても、あらゆる点からみて明らかに右保障条項に反すると認められる異常な事態が生じたときに、単に、これに対処すべき補充立法の措置がないことを理由として、救済の途がないとするがごときは、右保障条項の趣旨を全うするゆえんではないのである。

それであるから、審理の著しい遅延の結果、迅

第2節　迅速な裁判を受ける権利侵害（裁判遅延）の有無の判断

速な裁判の保障条項によって憲法がまもろうとしている被告人の諸利益が著しく害せられると認められる異常な事態が生ずるに至った場合には、さらに審理をすすめても真実の発見ははなはだしく困難で、もはや公正な裁判を期待することはできず、いたずらに被告人らの個人的および社会的不利益を増大させる結果となるばかりであって、これ以上実体的審理を進めることは適当でないから、その手続をこの段階において打ち切るという非常の救済手段を用いることが憲法上要請されるものと解すべきである。」

「そもそも、具体的事件における審理の遅延が右の保障条項に反する事態に至っているか否かは、遅延の期間のみによって一律に判断されるべきではなく、遅延の原因と理由などを勘案して、その遅延がやむをえないものと認められないかどうか、これにより右の保障条項がまもろうとしている諸利益がどの程度実際害せられているかなど諸般の情況を総合的に判断して決せられなければならないのであって、たとえば、事件の複雑なために、結果として審理に長年月を要した場合などはこれに該当しないこともちろんであり、さらに被告人の逃亡、出廷拒否または審理引延しなど遅延の主たる原因が被告人側にあった場合には、被告人が迅速な裁判をうける権利を自ら放棄したものと認めるべきであって、たとえその審理に長年月を要したとしても、迅速な裁判をうける被告人の権利が侵害されたということはできない」。

「公訴提起により訴訟係属が生じた以上は、裁判所として、これを放置しておくことが許されないことはいうまでもないが、当事者主義を高度にとりいれた現行刑事訴訟法の訴訟構造のもとにおいては、検察官および被告人側も積極的な訴訟活動が要請されるのである。しかし、少なくとも検察官の立証がおわるまでの間に訴訟進行の措置が採

られなかった場合において、被告人側が積極的に期日指定の申立をするなど審理を促す挙に出なかったとしても、その一事をもって、被告人が迅速な裁判をうける権利を放棄したと推定することは許されない」。

「被告人らが迅速な裁判を受ける権利を自ら放棄したとは認めがたいこと、および迅速な裁判の保障条項によってまもられるべき被告人の諸利益が実質的に侵害されたと認められることは、前述したとおりであるから、本件は、昭和44年第一審裁判所が公判手続を更新した段階においてすでに、憲法37条1項の迅速な裁判の保障条項に明らかに違反した異常な事態に立ち至っていたものと断ぜざるを得ない。したがって、本件は、冒頭説示の趣旨に照らしても、被告人らに対して審理を打ち切るという非常救済手段を用いることが是認されるべき場合にあたるものといわなければならない。」

「刑事事件が裁判所に係属している間に迅速な裁判の保障条項に反する事態が生じた場合において、その審理を打ち切る方法については現行法上よるべき具体的な明文の規定はないのであるが、前記のような審理経過をたどった本件においては、これ以上実体的審理を進めることは適当でないから、判決で免訴の言渡をするのが相当である。」

［裁判官天野武一の反対意見］　破棄差戻。

「憲法37条1項が、国民の基本的人権の一つとして迅速な裁判をうける権利を保障した条項であること、そしてもしも個々の刑事事件につき現実にこの保障条項に反すると認められるきわめて異常な事態が生じたときには、これに対処すべき具体的な補充立法措置がなくてもその審理を打ち切る非常手段がとられることを是認する規定であると解すべきことについて、多数意見と見解を同じくする。また、現行法制のもとで、裁判所の刑事

第3章　迅速な裁判を受ける権利の侵害（裁判遅延）

手続進行中にかかる事態が生じた場合における審理打切りの方法としては、免訴の判決を言い渡すことを相当とする場合があることについても、多数意見に賛成してよい。さらに、多数意見が、右の理を本件にあてはめて当審で一審裁判所の言い渡した免訴の判決を支持し、よってこの遅延した裁判に決着をつけようとする配慮に対しては、一審判決の言渡以降すでに3年数か月を経過した経緯にかんがみ、訴訟経済の観点からも同調の意を禁じがたいものがある。しかし、私は、刑訴法337条に列挙されている免訴事由の明文の規定を越えて審理打切りの裁判をすることは、裁判所が実体裁判を遂行する意思をみずから放棄することにほかならず、憲法上は、きわめて極限された情況のもとにおける非常手段としてのみ許される措置であるにとどまると解するがゆえに、多数意見が、記録上うかがわれる諸事実のみに立脚し、被告人側に対し、本件審理の遅延原因を帰せしめることができないと推認したうえ、その遅延による不利益の実害が生じているとの推認を行ない、これに基づいて直ちに一審の免訴判決を支持すべきものとする判断には、早計に失するものがあり、さらにこれらの推認をくつがえすに足る事実の存否をも確認し、そのうえで慎重に事を決すべきであるといわざるをえない。」「多数意見が挙示する程度の判断資料をもってしては、なお不確定な要素が介入し、とうてい事案の真相を明らかにして刑罰法令を適正に適用実現する刑事司法の目的にそうことはできないのであって、本件においては、その審理遅延の主たる原因の帰属とその遅延からうける被告人側の不利益の有無やその程度に関する事実関係につき、さらに取調を進めて事態を明確にし、当時の同種事件の公判審理の実情とも関連せしめた総合観察による実証的な判断に基づいて、訴訟上の措置を決することが必要である」。

「原判決を破棄する点において多数意見と一致するが、さらに多数意見のいう推認をくつがえすに足る事実の存否を確認するに必要な取調を尽くさせるため、刑訴法413条本文前段により本件を原裁判所に差し戻すべきものとする点において、多数意見と結論を異にする。」

「刑事手続における訴訟の利益は、当然に被告人側の利益のみを包摂するけれども、被告人側の利益のみが訴訟の利益なのではない。したがって、裁判の遅延をとりもどすために講ずべき本来の挽回策ないし救済策は、遅延以後の審理を促進させる質実な方策にこれを求めるべきであって、万が一にも……極限状況にあることを確認することなくして、勢いの赴くままに実体裁判遂行の意思を喪失することであってはなるまい。多年にわたる審理中断の後にさらに審理を尽くすことは、裁判所および訴訟当事者その他関係の人びとに多くの煩労をもたらすであろうが、しかし、裁判所は、訴訟の主宰者たる立場においてその審理を遂行し、そのことによって刑事司法の理念を実現すべきであることを附言する。」

高田事件上告審判決は、名古屋地裁の1審判決で採用した刑事訴訟法337条4号を類推ないし準用する方法ではなく、憲法37条1項違反を理由とする免訴によって被告人を刑事訴訟手続から解放するという方法を選択した。また、本判決は、訴訟手続が憲法37条1項に違反する「遅延理由」を、「被告人の不利益の防止」に迅速な裁判の核心があるという視点から、同条の権利侵害の判断にあたって考慮すべき要素を明らかにし、判断の「基準」を示すことによって、「迅速な裁判を

第2節　迅速な裁判を受ける権利侵害（裁判遅延）の有無の判断

受ける権利」の法的性格決定と，その行使の方法について判示している。なお，本判決は，アメリカで言われる「迅速な裁判を受ける権利」は被告人の権利であるから，被告人側で主張しなければならないとされる「要求法理（demand doctrine）」を採用しなかった。判決の結論については 13 対 1 の評決であるが，憲法 37 条 1 項の「迅速な裁判」の保障条項を単なるプログラム規定ではなく，補充立法をまたずに被告人に対する手続の進行を許さず，審理打切りという手段をとることをも認めた，いわゆる実施可能な強行法規（Self Excuting Provision）と解する点では，14 名全員一致である。

(3) 迅速な裁判を受ける権利の保障に反しないとしたもの

憲法 37 条 1 項の迅速な裁判を受ける権利の保障に違反しないとするもので，高田事件上告審判決以後の最高裁判所の基本的立場といってよい（下級審においても，迅速な裁判を受ける権利の保障に違反すると判断した裁判例はない）。以下は，前記裁判遅延判断の主要な要素を基本に据えて，迅速な裁判を受ける権利の保障に反しないとした裁判例を分類・整理したものである。留意すべきは，高田事件上告審判決後の裁判の説示として，高田事件上告審判決を引用ないし内容（の一部）を指摘しながら，当該事例は高田事件上告審判決ほどの「異常な事態」にはないとし，迅速な裁判を受ける権利の保障に違反しないとしている裁判例が少なくないことである。この状況を捉え，高田事件上告審判決の及ぼした負の側面として指摘する者もいる（小田中聰樹「長期裁判問題への一考察」法時 45 巻 5 号 17 頁以下参照）。高田事件上告審判決の事例が特殊かつ極限事例であるにもかかわらず，裁判実務の場において，これが迅速な裁判を受ける権利侵害の一般的な判断基準として機能し定着・運用されていると批判するのである。①そもそも高田事件上告審判決は，迅速な裁判を受ける権利侵害（裁判遅延）の有無の判断基準を示しているといえるか，②示しているとしても，その判断基準は高田事件だけに妥当する特殊な基準にすぎないのではないか，③裁判の遅延については，そもそも一般的な判断基準を設定できないのではないか，等が問い直さなければならないが，この点について十分に言及した裁判例も，論文もないといってよい。高田事件上告審判決に対するほとんどの評釈も，この判決の功罪を指摘・解説するにとどまっている。

第 3 章　迅速な裁判を受ける権利の侵害（裁判遅延）

① 被告人側に遅延について帰責事由等があったことを理由としたもの

【11-3】　最判昭 48・7・20 刑集 27・7・1322
（大同製鋼事件）

事実　本件は，第 1 審で審理中，検察官の立証がほぼ終了したのち，被告人側の反証段階で，昭和 31 年 8 月 17 日の公判期日外における証拠調を最後として，同 40 年 11 月 16 日まで，約 9 年余の間，その審理が中断されている。裁判所は，被告人会社代表者の病気を理由に公判停止をしたが，代表者は停止時に既に変更され，登記も済んでいたから，この停止とその後の約 9 年間の審理中断は，裁判所が代表者を誤認し，誤認に気付かなかったために生じた。

判旨　上告棄却「被告人会社の代表者は，昭和 32 年 1 月 31 日 A から B に変更され，同年 2 月 16 日その旨登記されているが，被告人側は，本件公判手続停止に際し，異議を述べていないばかりか，……審理再開に至るまで，裁判所に対し右代表者の変更通知，停止決定の取消ないし公判期日の指定申立など，審理をうながす措置を全く講じていない」「約 9 年余の本件審理中断は，主に，被告人会社代表者の病気を理由とする公判手続の停止に起因し，かつ，被告人側に審理の主導的役割が課せられているその反証段階において生じたものであって，裁判所が被告人会社の代表資格の認定を誤って公判手続を停止しこれを継続していたとしても，被告人側がもし審理中断により訴訟上の不利益を蒙り，迅速な裁判を受ける権利を侵害される虞れがあるとするならば，その代表者の変更を通知するなどして右審理中断を解消する措置をとるべきであるのに，これを漫然と放置していたものと認められる以上，右審理中断は，もっぱら被告人側の責に帰すべきものであり，かつ，記録上，被告人側が右のごとき審理中断により訴訟上の不利益を蒙ったものと認めるべき特段の事情も窺われない本件においては，いまだ憲法 37 条 1 項に定める迅速な裁判の保障条項に反する異常な事態に立ち至ったものとすべきでないことは，当裁判所の判例（【10-3】）の趣旨に照らして明らかである」。

被告人側に遅延による重大な不利益が発生していないことも重要な理由になっている。

② 被告人に審理促進への積極的態度が見られなかったこと等を理由としたもの

【12-3】　最判昭 49・5・31 判時 745・104
（近畿電工事件）

事実　起訴後第 3 次控訴審判決までの間，2 回の差戻判決を含む 6 回の判決を受け，約 21 年余を要しており，第 3 次控訴審においては，裁判所が記録を受理してから第 1 回公判期日が開かれるまで，約 7 年間の審理中断があった。

判旨　上告棄却。
「第三次控訴審において約 7 年間の審理中断が生じたことについては，各訴訟関係人に反省すべき点があるものと認められるけれども，それが事後審である控訴審において生じたこと，右控

第2節　迅速な裁判を受ける権利侵害（裁判遅延）の有無の判断

訴は有罪の第一審判決に対する被告人からの控訴であって、被告人側が審理促進を求めるべき段階にあったのにこれに則した積極的態度を示したことが窺われないこと、審理中断により被告人が不利益を蒙ったとみるべき格別の事情もないことを合わせ考えると、本件においてはいまだ憲法37条1項に定める迅速な裁判の保障規定に反する異常な事態に立ち至ったものとすべきでない」

【13-3】　最決昭50・8・6刑集29・7・393
（高砂市水道損壊事件）

[事実]　高砂市の市長らが共謀して、事実上合併を拒否することとなった大塩町へ反省をもとめようと送水管を損壊したとして、水道損壊の罪で昭和33年9月17日起訴され、第1次第1審は、昭和36年4月5日、有罪の判決を言渡したが、控訴審は、昭和40年11月26日に第1回公判期日を開き、昭和41年6月18日、破棄差戻しの判断をし、被告人からの上告に対し上告審は、昭和42年4月25日、上告棄却の判断をした。第2次第1審は、昭和44年7月8日、有罪の判決を言渡したが、被告人らから控訴申立があり、第2次控訴審は、昭和48年6月26日第1回公判期日を開き、昭和49年6月12日、控訴棄却の判断をした。

主に裁判所の構成の度重なる変更等により、第1次控訴審で4年、第2次控訴審で3年7月審理を中断したが、被告人から審理促進の申し出がなく、事実調べはほとんど終了していたものである。

[判旨]　上告棄却。
「もとより、訴訟遅延の責めは窮極的に裁判所が負うべきものでこれを当事者に転嫁することは許されないところであるとはいえ、当事者主義を基調とする訴訟構造のもとでは、両当事者の積極的な協力がなくては迅速な審理を望み得ないこともまた疑うべくもないのである。……審理が遅延していると考えるならば、被告人側としても漫然と権利の上に眠ることなく、裁判所に対しその迅速な処理を促すこともできるのであり、審理促進に対する当事者の態度もまた前述の諸般の情況に加味することはあながち不当ではないと解されるし、一方、裁判所が当時置かれていた審理の促進を阻害するような現実的な特殊情況も、これを全く無視することができず、形式的に審理に要した期間の長短だけをとらえて論議することは妥当でない」「裁判所側の事情によって審理が遅延した結果、被告人らを長期間不安定な状態に置いたことはまことに遺憾といわざるをえないのであるが、本件は、第1次・第2次控訴審とも被告人の控訴によるものであるのに、被告人側が審理促進を求める積極的な態度を示したことをうかがうに足る証跡がないこと、本件の2回にわたる中断が事実取調のほとんど終了した控訴審段階において生じたもので、被告人の防御権の行使に特に障害を生じたものとも認められないこと等を総合勘案すれば、当裁判所が【10-3】において示したほどに異常な事態に立ち至ったといえないことは右判例の趣旨に照らして明らかであり、裁判所全体としてはさらに審理の促進に工夫をこらすべきものがあるとはいえ、本件の場合は、前記諸般の事情に照らし、この段階においてその審理を打切ることは適当とはいえ」ない。

［裁判官岸盛一の補足意見］
「裁判の遅延は、すでに紀元前から今日に至るまで、古今東西を通じて慢性化した現象であって、古くて新しい問題だといわれている。この問題は

第3章　迅速な裁判を受ける権利の侵害（裁判遅延）

ひとりわが国だけのものではないのであるが、憲法上迅速な裁判の保障条項が掲げられているのは、いうまでもなく、迅速な裁判の実現は、ただに、罰すべきをを罰し無辜を罰せずという刑政の本義に基づく国家的要請であるばかりでなく、被告人を長く不安定な状態においてはならぬという被告人の人権擁護の見地から要請される」「わが国の裁判所の負担が他国にあまり例をみないほど加重なものであるじょとは別にして、裁判所としては、司法行政上も遅延防止の対策をつねに講じていなければならず、裁判官をはじめ関係職員の増員による人手不足の解消、裁判所の諸設備の充実等に力を尽くすべきことは論をまたないところであるが、また、訴訟手続の運用面における創意工夫を凝らすことの必要であることはいうまでもない。しかしながら、多数意見もいうとおり、裁判遅延の責めは、究極的には裁判所がこれを負うべきである。したがって、将来、本件のような特殊事情が裁判所内部にあったとしても、これに類する事例が跡をたたないようなことであれば、裁判上も特別の考慮を払わなければならない場合のあることを留保しておきたいと考えるし、また、この際、「訴訟の遅延は正義にあらず」とか「裁判の遅延は裁判の拒否にひとしい」という裁判の遅延についての聞きなれた非難や警句をあらためて嚙み締めてみることが肝要である」。

［裁判官下田武三の反対意見］

「本件は、……、被告人に対する公訴の提起以来第二次控訴審の判決までに約16年を要しているのみならず、その間第一次控訴審及び第二次控訴審において、それぞれ4年及び3年7月の長期にわたる審理中断の期間を生じているのである」「このような長年月にわたる審理中断期間の発生は、裁判所の加重負担、部の構成の頻繁な変更、庁舎の狭隘その他施設の不備等主として司法行政上の原因に基づくものと推認され、必ずしも当該部ないし所属裁判官の責めに帰し得ない事情も存するのである。しかしながら、たとえこれらの事情が当裁判所にとりいかにやむをえないものであったとしても、同時に、右の訴訟遅延については、なんら被告人側の責めに帰せられるべき事由の存しなかったことも、また記録上明白とせざるをえないのである」「多数意見が、前記のとおり、被告人側の責めに帰することのできず、もっぱら裁判所側の事情に基づくものと認めるほかない長年月にわたる審理の中断にもかかわらず、本件については、いまだ【10-3】にいう「迅速な裁判をうける被告人の権利が害せられたと認められる異常な事態」が生じたとするに足らないとされる点において、とうていこれに同調することができない」。

［裁判官団藤重光の反対意見］

「刑事被告人の迅速な裁判を受ける権利は、いうまでもなく憲法が基本的人権として保障するところである」「第一次控訴審においては控訴趣意書が提出されてから第1回公判期日が開かれるまで約4年間、第二次控訴審においては控訴趣意書が提出されてから第1回公判期日が開かれるまで約3年7カ月のあいだ、まったく審理が行われないままに放置されたのであり、しかも、記録上、その遅延につき被告人側の責めに帰せられるべきなんらの事由も認められないのである。起訴（昭和33年9月17日）から現在にいたるまでの長年月もさることながら、右のように、第一次控訴審において4年、第二次控訴審において3年7カ月という時日が空費されたことは、裁判所の加重負担その他諸般の事情を考慮に入れても、なおかつ、迅速な裁判という憲法要請に反するものといわなければならない。事件を担当する部が変更になったり、部の構成の異動が頻繁であったり、あるいは裁判所庁舎の設備が狭隘であったというような事情が

第2節 迅速な裁判を受ける権利侵害（裁判遅延）の有無の判断

あったにせよ、これは、被告人に対する関係では充分ないわけにはならないであろう。裁判所の人員や予算の不足は、裁判所の力だけでは解決できることがらではないが、そのしわよせが被告人の基本的人権に及んではならないはずである。本件は事案としてとくに複雑なものではないのであって、他の諸事情を考慮に入れても、控訴趣意書の提出から第1回公判期日までのあいだに、これほどの長時日を費やさなければならなかったとは、とうてい考えられない。ことに第二次控訴審では、いったん上告審で論点があきらかにされたのでもあり、審理計画は比較的容易にたてられたのではないかと想像される。本件においては、被告人側において審理の引延ばしをはかった形跡はまったくみられないのであって、この点も充分に考慮に入れられなければならない。被告人側で積極的に審理を促進した形跡もないが、無罪判決が確実に予測されるような事案でもないかぎり、被告人側に積極的に審理促進を期待することは無理であり、これを理由として、迅速な裁判を受ける権利の保障を拒否するとなれば（昭和48年(あ)2253号・昭和49年5月31日第2小法廷判決）、それは、憲法がこの権利を保障している趣旨を没却することになるであろう」。

判旨 上告棄却。
「本件の第一審裁判所のとった措置はきわめて適切を欠くものがあるとはいえ、前述のとおり本件記録が他事件の記録の一部になっていたこと、本件は第一審の有罪判決を不服として被告人が控訴をしたものであるから、被告人側において審理の促進を望むならば、その旨の要望を第一審又は控訴審裁判所に申し入れをするなど積極的な行動に出ることが可能であったのに、このような態度に出たことがうかがわれないこと、本件は第一審において事実審理がほぼ完全に終了し、証拠の散逸等によって被告人の防禦権の行使が困難になったとみられる格別の事情もないことなどを考え合わせると、本件においてはいまだ憲法37条1項に定める迅速な裁判の保障条項に反する異常な事態にまで立ち至ったものとすべきでないことは、所論引用の当裁判所判例（【10-3】）の趣旨に照らして明らかである」。

なお、裁判官下田武三、同団藤重光の反対意見があり、【13-3】における各反対意見と同趣旨の意見を援用している。

【14-3】 最判昭50・8・5判時784・23（洲本市議収賄事件）

事実 本件の記録は、関連事件である他事件の記録の一部となっていて、関連事件の併合・分離等の手続が手間取り、第1審判決言渡後、控訴審への記録送付までに約4年1カ月を要した。

【15-3】 最判昭52・4・8刑事裁判集203・517（大垣共立銀行事件）

事実 本件は、経済関係罰則の整備に関する法律違反（銀行等の役職員がその職務に関し、賄賂を収受等）事件であり、高田事件よりも係属期間は長く、事件発生以来27年、起訴以来25年以上を経過した事案である。被告人の病気、担当弁護人の死亡による延期申請のほか、検察庁、裁判所の都合による延期が10回なされている。

第3章　迅速な裁判を受ける権利の侵害（裁判遅延）

判旨　上告棄却。
「記録上認められる第一審及び原審の公判審理の経過、本件事案の内容等に鑑み、第一審及び原審が迅速な裁判の保障条項に違反するほどに遅延したものとは認められない」。

③　事件・審理の性質等を理由としたもの

【16-3】　最決昭53・9・4刑集32・6・1077
（大須事件・統一組事件）

事実　デモ隊と警察隊が衝突し、被告人らが警察隊に罵声を浴びせ、火炎瓶、石塊等を投擲し、暴行を加えたとして起訴された事案。すなわち、150名が起訴された騒擾等被告事件で統一組に属した被告人らは、騒擾、爆発物取締罰則違反、放火、放火未遂、外国人登録法違反等の罪により、昭和27年7月29日から翌28年12月8日までの間に起訴され、第1審は昭和44年11月11日から同年12月2日までの間において、有罪の判決を受けた。被告人らから控訴の申立があり、控訴審は、昭和50年3月27日被告人らのうち3名に対しては破棄してあらためて有罪の判決をし、その余の被告人らに対しては控訴棄却した。被告人らに対する審理期間は、第1審については約16年ないし17年3ヵ月、さらに控訴審判決まで約5年4か月を要しており、最初の起訴から約26年の期間が経過した。

判旨　上告棄却。
審理が長期化した原因と理由は「第1は、本件の主たる訴因が規模の大きい騒擾という犯罪であって、その内容が複雑困難な事案であり、取調を要する証拠も厖大で、しかも被告人が150名もの多数であったことである。もとよりこれら被告人を相応の人数に分離して審理し、審理の迅速を図ることは法律上可能ではあるが、集団犯罪である騒擾罪の性格、本件事案の内容などにかんがみると、第一審裁判所が被告人らを併合審理したうえで判決の宣告をしたことは、まことにやむをえないところであったというべきである」「審理状況にかんがみると、本件においては相当程度の審理の長期化は肯認されるべきであるが、さらにそれに加えて、被告人らにおいて執拗ないわゆる法廷闘争を展開したことも審理長期化の一因をなしていると認められるのである。すなわち、被告人らは第一審において5回、原審において2回裁判官に対する忌避申立をしており、その理由は、訴訟指揮、証拠の採否等に関連して不公平な裁判をするおそれがあるというものであるが、記録によれば、もともと忌避理由とはなしえないような事由をことさら申立てたものと認められるから、右申立による審理遅延の責は被告人らに帰せられるべきものである。また、被告人らは、意見陳述、釈明要求等を執拗にくり返し、前記第一審における公判のうち相当回数はこれに費されており、証人に対する尋問も詳細を極め、同一証人が何回にもわたって出廷し、幾人もの弁護人、被告人から尋問を受けている。もとより被告人の防禦権は尊重されるべきであるから、詳細な証人尋問もいちがいに非難することは相当でないけれども、すくなくとも、被告人らのこれら訴訟行為が審理遅延の原因のひとつとなったことが認められる。以上の諸事由によって審理が長期化した本件の場合について、迅速裁判の要請に反するものとして免訴の裁判をすべきであるとは到底考えられない」

事案の複雑困難、証拠の膨大など、事件自

第2節　迅速な裁判を受ける権利侵害（裁判遅延）の有無の判断

体の性質のほか，審理引き延ばし等の被告人側に遅延について責めに帰すべき事由があったとされている。

【17－3】　最決昭53・9・4刑集32・6・1652
（大須事件・分離組事件）

事実　【16－3】と同様の事件で，統一公判を希望せず分離組に属した被告人らに関するもので，騒擾の率先助勢の罪により，昭和27年7月29日に起訴された。昭和44年11月12日，第1審裁判所において，有罪の判決を受け，昭和50年3月27日，控訴審において，控訴棄却の判決の宣告を受けた。第1審において約17年3カ月（その間，合計14年間も審理が中断され，または実質的審理がされず，被告人および検察官から，審理の継続，早期判決を求める要望がなされた），控訴審において約5年の審理期間を要し，起訴後約26年もの長年月が経過した。

判旨　上告棄却。
「審理が……長期化したことの原因と理由について考えてみるのに，……いわゆる大須騒擾等被告事件は，150名の被告人が騒擾，爆発物取締罰則違反，……の罪によって起訴された事件であって，もともと，事案の複雑困難，証拠の厖大，被告人の多数等審理長期化の要因をはらんでいた事件であるが，第一審においては，これら被告人を統一公判を希望する大多数の被告人のグループであるいわゆる統一組と分離公判を希望する少数の被告人のグループである分離組とに分けて審理がなされ，被告人Aはいわゆる分離組に属する者であったところ，同被告人に関する前記審理の中断等に伴う審理の遅延は，もっぱら統一組の審理の結果を待ち，本件騒擾の成否を，統一組と分離組との間において合一に確定するのが相当であるとの配慮にもとづくものであったことが認められる」「同一の事件に関連して多数の被告人が起訴された場合に，これを併合して審理判決すべきか，分離して審理判決すべきかの問題は，被告人の権利保護，審理の迅速，各被告人間における判断の統一等もろもろの裁判上の要請を考慮して決すべきことであるが，本件のような集団犯罪である騒擾罪にあっては，各被告人のした個別的な行為に対する判断のほかに，その前提として，多数による暴行脅迫が全体として騒擾罪にあたるかどうかという法的判断を必要とするものであるところ，各被告人につきこの騒擾の成否に関する判断の統一を図るということは，裁判の公正の観点から無視しえない重要な点といわざるをえないのであるから，裁判所が一部の被告人のみについて先に判断を示すことなく，合一確定を図ったとしても，これをもって不当な措置とはなしがたいのである」「被告人Aに対する本件審理の遅延は，統一組被告人らとの間における判断の統一の要請にもとづくものであるところ，統一組における審理が長期化したことの主たる理由が，事案の複雑，困難，証拠の厖大等本件騒擾事件の性質，内容にあることにかんがみると，右遅延はまことにやむをえないところというべきであって，本件においては，いまだ憲法37条1項に定める迅速な裁判の保障条項に反する異常な事態に立ち至ったものとすべきでないことは明らかである」

第3章　迅速な裁判を受ける権利の侵害（裁判遅延）

④　被告人側に遅延による重大な不利益が発生していないこと等を理由としたもの

【18−3】　最決昭55・2・7 刑集34・2・15
（峰山事件）

[事実] 数個の訴因から構成された事件の審理に，第1審で約15年，控訴審で約10年を要し，第1審においては，上訴中の共犯者の事件の審理を待つため，検察官の申し出により，約5年間審理を中断するなどした事案。

[判旨] 上告棄却。
「本件については，さして複雑とも思われない……訴因からなる事件の審理に，第一，二審において合計約25年の長年月を費しているほか，とくに第一審においては，検察官の申出により，約5年間中断されたことがあるなど，憲法37条1項の迅速裁判の保障条項との関係上問題と思われる点のあることは，否定することができない」。

しかし，【10−3】の見地にたって本件をみると，「第一，二審の約25年の審理期間のうち，第一審における当初の約3年は，被告人の病気を理由とするやむをえないものであり，控訴審における約10年も，おおむねこれと同様であったと認められる。つぎに，第一審における審理期間のうち被告人の病気が回復した後の約12年についても検察官の申出により審理が中断した約5年を除くその余の期間中には，さほど顕著な審理の中断もなく実質審理が継続されていたものであるうえ，右約5年の審理中断期間についても，検察官がその後，右中断中に示された共犯者の事件に関する上級審の判断に従って訴因の変更をしたり，上級審における証人尋問調書を書証として提出するなど，関連事件の審理の結果を本件の審理に反映させていることからみて，右の期間が本件の審理にとって全く無意味に経過したものとは断じ難い。以上の諸点のほか，被告人の第一，二審における弁護人は，横領の共犯者の弁護人としてその上級審の公判においては，同事件の証人に対し反対尋問権を行使しており，しかも，右証人尋問調書は本件の公判にも顕出されているので，右審理中断によって被告人が防禦上重大な不利益を受けたとは認め難いこと，他方，本件第一，二審の全審理期間を通じ，被告人側から訴訟の促進について格別の申出等もされた形跡がないことなどの事情を総合勘案すれば，本件の第一，二審とくに第一審における訴訟の進め方にはなお批判を免れない点が少なくないとはいえ，その審理の遅延の結果，前記大法廷判決において示されたほど異常な事態を生じているとまではいえない」。

[裁判官団藤重光の反対意見]
「一・二審の全審理期間が，高田事件においてさえ約18年であったのに対し，本件では約25年におよぶのであって，まず，このことじたいが異常である。しかも高田事件では被告人が十数名にものぼり事案も爆発物取締罰則違反，現住建造物等放火等の複雑なものであったのに対し，本件では被告人が1名，事案も私文書偽造，横領（背任），恐喝という比較的簡単なものであった。公訴時効の期間をみても，前者では15年であるのに対して，後者では7年である。本件で一・二審の審理にかような長年月が費やされたことは，別によほど積極的な理由が見出されないかぎり，とうてい是認することができない」。

「多数意見によれば，右約25年の審理期間のうち第一審における当初の約3年は被告人の病気を

第2節　迅速な裁判を受ける権利侵害（裁判遅延）の有無の判断

理由とするやむをえないものであり，控訴審における約10年も，おおむねこれと同様であったと認められる。しかし，第一審における審理期間のうち被告人の病気が快復したのちの約12年間は，どうであったか。そのうちの約5年間は，横領（背任）の共犯者の事件が上訴中であって，その審理を待って進行されたい旨の検察官による延期の申請を容れたための中断であって，これは高田事件において別件関連事件の審理を優先されたい旨の弁護人側の申出を容れたために審理の中断があったのと明白な対照をなすものである。もちろん，検察官のこの申出がかならずしも不当なものであったとは考えられないのであり，……，関連事件の審理の結果を本件の審理に反映させていることは，多数意見の説示するとおりである。横領罪の訴因だけの関係とはいえ，共犯者相互間に取扱いの不公平，不統一が生じることは極力避けるべきであるのはいうまでもないが，そのために5年もの期間を無為にすごすことがはたして是認されうるであろうか。もし，これが是認されうるものとしても，そのかわり，その後は積極的に審理の促進がはかられるべきであった。ところが，多数意見もいうとおり，その余の期間中は，単に「さほど顕著な審理の中断もなく実質審理が継続されていた」というにすぎないのである（実際にはこの期間中にも1年前後の審理中断が2回もあったことがうかがわれる。）。多数意見は，これらのことから，「右の期間が本件の審理にとって全く無意味に経過したものとは断じ難い」というのであるが，このような消極的なことでは，第一審で被告人の病気恢復後さらに約12年を費したという異常事態を正当化する理由とはとうていなりえないものといわなければならない」。

「多数意見は，審理中断によって被告人が防禦上重大な不利益を受けたとはみとめがたいとしているが，証人の記憶の稀薄化は記録上容易に看取されるのであり，それが被告人にとって不利益にはたらいていることは否定することができないとおもわれる。また，多数意見は，被告人側から訴訟促進の申出がなかったことを挙げるが，わたくしが，かつて，別件（【13-3】）における反対意見の中で述べたとおり，「無罪判決が確実に予測されるような事案でもないかぎり，被告人側に積極的な審理促進を期待することは無理であり，これを理由として，迅速な裁判を受ける権利の保障を拒否するとなれば，それは，憲法がこの権利を保障している趣旨を没却することになるであろう」。高田事件大法廷判決も「少なくとも検察官の立証がおわるまでの間に訴訟進行の措置が採られなかった場合において，被告人側が積極的の期日指定の申立をするなど審理を促す挙に出なかったとしても，その一事をもって，被告人が迅速な裁判を受ける権利を放棄したと推定することは許されない」としていることを忘れてはならない」。

「本件は高田事件大法廷判決のいう「迅速な裁判の保障条項によって憲法がまもろうとしている被告人の諸利益が著しく害せられると認められる異常な事態が生ずるに至った場合」に該当するものと考える」。

［裁判官戸田弘の反対意見］

「けっして特別に複雑，困難な事案であるとはいえない本件の審理に，第一，二審を通じて合計25年に近い驚くべき長年月を要し，しかもその間実質審理があったのはわずかの期間にとどまるということの背後には，……被告人の病気という事情のあったことは事実である。しかし，被告人の病気のため手続の中断が真にやむをえなかったものと記録上認められる期間はそれほど長いものではなく，本件の審理は，一口にいえば，被告人が病身であるという事情に不当によりかかって，全体

第3章　迅速な裁判を受ける権利の侵害（裁判遅延）

としてあまりにも緩慢に行われたものと見られるのである（原審裁判所は別として，本件第一審の裁判所はけっして多忙といえる裁判所ではない。）。特に，第一審の審理期間中の第2回ないし第4回の中断については，それがやむをえない事由によるものであったとは到底いえないと思われる。第2回の中断は，……控訴中の関連事件，すなわち横領の訴因に関する共犯者の事件の審理を待つためというのであるが，他の3つの訴因については審理を中断すべき事由がまったくないばかりでなく，横領の訴因を審理するについても関連事件の進行をそれほどの長期間待つことが妥当であったとは認められない。第3回の中断については，被告人のけがという事情もあるが，それは1年近い中断の理由にはならない。第4回の中断は，理由すら不明である。このような第2回ないし第4回の中断は，いずれも検察側立証段階におけるものであって，その期間は合計約7年8月に及び，本件各控訴事実についての公訴時効期間が5年ないし7年であることを考えても，この中断は重視を免れぬ長さである」。

「本件の審理手続は著しく遅延し，起訴時57歳であった被告人が，第一審判決時に72歳，第二審判決時にはついに82歳になっていたということは，長い時の経過をあからさまに物語っている。この遅延は極めて異常であって，第一，二審を通じ審理手続が全体として不当に緩慢に行われ，特に第一審の検察側立証段階において被告人側の責に帰すべき事由によらないで……長期間に及ぶ不当な審理中断があったという事実により，憲法37条1項の迅速な裁判の保障条項に反する事態が生じ，すでに訴追の正当な利益が失われ，審理の打切りを相当とするに至っている」。

⑤　事件・審理の複雑困難等を理由としたもの

公訴提起の遅延については，熊本水俣病事件【1-1】【1-2】【1-3】がある。審理の遅延については，次のものがある。

【19-3】　最決昭55・7・4判時977・41（羽田空港ビル内デモ事件）

事実　日本中国友好協会の役員である被告人が，昭和42年11月12日，羽田空港ターミナルビル国際線出発ロビーにおいて，約300名による佐藤首相訪米反対の無許可の集団示威運動を指導したとして，昭和42年12月に東京都公安条例5条の罪で起訴されていた羽田空港ビル内デモ事件の第3次上告審決定である。第1審は，昭和44年12月18日，被告人に対し無罪の言渡しをし，昭和46年2月15日，第1次控訴審も1審判決を維持した。これに対し第1次上告審は，昭和50年10月24日，破棄差戻の判断をし，第2次控訴審は，昭和51年6月1日，第1次上告審の判断に従いながらも，1審の無罪判決を維持したが，第2次上告審は，昭和53年6月26日，再度破棄差戻の判断をした。第3次控訴審は，昭和54年6月14日第1次上告審と同旨の法律上の判断をして第1審判決を破棄したうえ，被告人を罰金刑に処した。

第 2 節　迅速な裁判を受ける権利侵害（裁判遅延）の有無の判断

判旨　上告棄却。
「憲法37条1項違反をいうが，記録によると，本件公訴提起から本上告趣意書提出に至るまで約12年の年月を要しているとはいえ，それは，主として，事実認定及び法的評価に関し下級審と上級審との間で見解が分かれたため，慎重な審理を尽す必要があったことによるものであると認められるから，所論は前提を欠」く。

【20－3】 最判昭58・5・27 刑集37・4・474
（川崎飲食店主殺害事件）

事実　本件は，被告人が被害者に対し有形力を行使したこと自体に争いはないが，刃物による殺人の実行行為を行ったのが被告人か，現場に同道していたAであるのか，あるいはその双方であるのかが争われた殺人ないし傷害致死事件。第1審においては，約8年間を費やして詳細な事実審理を行っているうえ，第2審についても，約2年間を費やして，検察官申請の証人すべて5人と書証数通の各取調べおよび双方申請の被告人質問を行っているが，凶器の種類の再鑑定の必要性等を指摘して事件を第1審に差し戻すこととした。破棄差戻しの控訴審判決が迅速な裁判を受ける権利の保障条項に違反しないかが問われ，差戻しによる将来の遅延が問題とされている。

判旨　上告棄却。
「具体的事件における審理の遅延が憲法の迅速裁判の保障条項に反する事態に至っているか否かは，遅延の期間のみによって一律に判断されるべきでなく，遅延の原因と理由などを勘案して，その遅延がやむをえないものと認められないかどうか，これにより右の保障条項がまもろうとしている諸利益がどの程度実際に害せられているかなど諸般の情況を総合的に判断して決せられなければならないことは，すでに当裁判所の判例（【10－3】）の示すところである」「本件の公判審理がかくも長期に及んだ主たる原因は，捜査段階における被告人側の積極的な罪証隠滅行為や被告人及びAの供述の大幅な変遷……等によって，事案の真相の解明に困難を生じた点にあると認められるのであって，第一審裁判所の審理にやや円滑を欠いたきらいのある点を別とすれば，検察官の訴訟活動及び裁判所の審理の方法にとくに問題とされるべき点があったとはいえず，右審理の遅延は，ある程度やむをえないものであったといわざるをえない。次に，本件については，すでに，被告人の弁解の聴取及び関係証人の取調べ等の点を含め，詳細な実体審理が遂げられており，これを第一審に差し戻すこととしても，そのために今後審理が格段に長期化するとか，被告人が防禦上著しい不利益を受けるおそれがあるとまでは認め難いというべきである。さらに，原審が慎重な事実調べののち改めて事件を第一審に差し戻すこととした措置には前記のような批判の余地がありうるとしても，第一審判決後本件殺人の共同正犯者として起訴されたAが，原審公判廷において，被告人と共同して本件殺人の実行行為を行った旨従前の供述を大幅に変更する新たな供述をするに至ったなどの事態にかんがみると，原審の右措置は，第一審に係属中の同人の事件との併合審理によって本件事案の真相の解明と事実認定の統一を図ろうとしたものとして，合理性がないとはいえない」「原判決によって憲法37条1項の迅速裁判の保障条項に反する異常な事態を生じているとは認められないことは，前記大法廷判例（【10－3】）の趣旨に徴して明らかである」。

第3章　迅速な裁判を受ける権利の侵害（裁判遅延）

［裁判官宮﨑梧一の補足意見］
「憲法37条1項の迅速裁判保障条項の趣旨ないし精神は，この場合においても尊重されなければならないのであって，第一審において長期間にわたる実体審理を遂げたうえ，控訴審においても当事者双方が十分に主張・立証を尽くしているため，事件を第一審に差し戻してももはや実質的に意味のある新たな証拠の出現が期待できないような場合には，控訴審としては，可能な限り控訴棄却又は破棄自判の判決をして，事件の最終的解決を図ることこそが，単に訴訟経済の原則にかなうばかりでなく，右憲法上の要請に応えるゆえんである」

「本件は，従来の事案のように，第一，二審における長期間の審理中断等，いわば当該事件の過去における迅速裁判保障条項違反が問題とされているのではなく，これまでの綿密詳細な実体審理ののち更に事件を第一審に差し戻すことによる，いわば将来における若しくは将来にわたる迅速裁判保障条項違反が問題とされている事案であることに留意するときは，願わくは，差戻しを受けた第一審裁判所としては，本件に関する差戻し前の審理状況に鑑み，極力原判決によって指摘された疑問点の解明に努め，可及的速やかに判決言渡しに漕ぎつけるべきことを希望してやまない」。

第4章　迅速な裁判を受ける権利の侵害があった場合（憲法37条1項違反）の救済・効果等

第1節　司法行政上の責任，措置

　憲法37条1項の迅速な裁判を受ける権利の侵害があった場合はもちろん，一般に迅速な裁判を受ける権利の侵害があった場合には，裁判上の救済・効果はともかく，担当裁判官に対する司法行政上の責任（訓戒，注意処分等）が発生したり，その他の措置（担当裁判官の負担軽減の措置，裁判官・書記官の増員等）が執られるべきであるというのが裁判例の基本的立場である（【3-3】，【5-3】）。なお，次節の裁判上の救済・効果が生じる場合には，通常当然に，本節の司法行政上の責任，措置が併せて問題になることはいうまでもない。

第2節　裁判上の救済・効果

　憲法37条1項の迅速な裁判を受ける権利の保障に違反する場合に裁判手続を打ち切ることができるかである。裁判の遅延が，未決勾留の算入日数や，量刑上の軽減要素として考慮され，民事上の国家賠償の問題ともなり，これらは広義の裁判上の救済・効果といえるが，本節では専ら刑事裁判手続を打ち切る効果を生じるかどうかに焦点を当てて考察する。

1　裁判手続を打ち切ることはできないとするもの

　憲法37条1項の法的性格について，単なるプログラム規定と解し，現在これを具体化する規定（具体的救済規定）もないとする見

第4章 迅速な裁判を受ける権利の侵害があった場合（憲法37条1項違反）の救済・効果等

解によれば，手続打切りの効果を否定するのが帰結である。第3章第2節2(1)の各裁判例がこれに該当する。

2 裁判手続を打ち切ることができるとするもの

憲法37条1項の迅速な裁判を受ける権利の保障が刑訴法の規定に具体化されているとして，これにより打切りができるとする見解と，憲法37条1項の規定により直接手続打切りができるとする見解がある。前者については更に，337条4号による免訴判決（刑訴法上の免訴）によるとする立場（【10-1】）と，刑訴法338条4号による公訴棄却の判決によるとする立場（【9-1】。松尾浩也前掲「起訴状の紛失と迅速な裁判」135頁参照）がある（なお，訴訟法上の問題として，免訴であれば，再起訴は許されないが，公訴棄却であれば再起訴も許されるとの立場，公訴棄却でも再起訴は許されないとの立場などが主張されている）。後者は，免訴判決（憲法上の免訴）により打ち切るとしている（【10-3】）。なお，前者の見解は，憲法37条1項の規定による直接手続打切りについては否定するものであり，後者の見解は，憲法37条1項の迅速な裁判を受ける権利の保障について，現行法上，これを具体化している規定は存在しないことを前提にしていると解してよい。

(1) 刑訴法338条4号により公訴を棄却すべきとするもの

【9-1】がこれにあたる。

【18-3】の［裁判官戸田弘の反対意見］もこの立場である。すなわち，「打切りの形式としては，免訴の判決によるのではなく，公訴棄却の判決によるのが本来であると考えている。なぜなら，刑訴法337条は免訴の事由を特に限定して掲げているものと見るべきであるのに対し，同法338条4号は，単に形式的な手続違背の場合だけではなく，公訴提起の際に実質的な理由で訴追の正当な利益が存在しない場合または公訴提起の後に実質的な理由で訴追の正当な利益が失われるに至った場合，すなわち公訴の実質的な適法要件が最初から存在せずまたは事後的に失われた場合をもひろく包含する規定であると解すべきであり，そのように解釈しておくことによって，公訴の提起とその存続に関して起こることのありうる種々の特別な事態（本件のような事態もその一つである。）に対し現行法上適当な解決の方法を与えることができると思うからである」。なお，［裁判官戸田弘の反対意見］には，さらに「原判決，及び第一審判決中有罪部分を破棄し，右部分に関し本件公訴を棄却する趣旨の判決をすべき」としている。判決に有罪部分と無罪部分がある場合には，有罪部分につき迅速な裁判を受ける権利の保障条項違反を理由として刑訴法338条4号に

より公訴棄却，無罪部分につき上告棄却という趣旨であろうか。

【13-3】の［裁判官団藤重光の反対意見］も同じである。すなわち，「公訴時効期間に相当する期間以上の長期間にわたって審理が行われないまま放置された事案については，すでに当裁判所大法廷の判例（【10-3】）があり，免訴をもって手続を打ち切るべきことがみとめられている。迅速な裁判の問題については，ようやく出発点にたどりついたにすぎないものと考えるのであり，百尺竿頭さらに一歩を進めるべきものとおもう。これについては，司法行政上の対策や立法的措置が急務であることはいうまでもないが，刑事訴訟法の解釈論としても，わたくしは，本件の審理経過にみられるような事実関係のもとでは，公訴の提起が後発的に無効になったものとして，刑訴法338条4号によって公訴棄却の判決を言い渡すべきものと考える」。

(2) 刑訴法337条4号により免訴の判決をすべきとするもの

【10-1】がこれにあたる。

(3) 憲法37条1項違反により免訴の判決をすべきとするもの

【10-3】がこれにあたる。なお，【18-3】の［裁判官団藤重光の反対意見］の中で，この高田事件上告審判決が指摘されており，同裁判官は，刑訴法の解釈論によるほか，直接憲法37条1項による免訴判決を否定していないと見ることができよう。

第4章　迅速な裁判を受ける権利の侵害があった場合（憲法37条1項違反）の救済・効果等

第3節　迅速な裁判を受ける権利の保障条項違反と手続打切り

　被告人の迅速な裁判を受ける権利の侵害を理由とする裁判手続打切りの問題を考察する場合，留意すべき点は，現行法下で認められる方法としては憲法37条1項を直接の根拠とする場合に限定されるかである。換言すれば，憲法37条1項を直接の根拠として手続を打切ることができるのは，高田事件上告審判決が指摘しているように，通常予想し得ないような異常な裁判遅延により非常救済手段をとらざるを得ない極限状況の場合に限定されるかである。高田事件上告審判決の法理が裁判打切りを生じる遅延裁判一般に妥当するとすれば，高田事件上告審判決は，その画期的な結論・評価にもかかわらず，実質的には，裁判遅延による打切りを一般的には否定した判例と言わざるを得ないのではなかろうか。すなわち，高田事件上告審判決は，裁判遅延につき，刑訴法337条4号や338条4号による裁判打切りを否定したものといえよう。このことは高田事件上告審判決以後の裁判遅延に関する裁判例がほぼ裏付けている。

　迅速な裁判を受ける権利の侵害による手続打切りを，高田事件上告審判決のような憲法37条1項を直接の根拠とする打切りだけに限定することには疑問がある（但し，憲法37条1項を直接根拠とする手続の打切りについては，高田事件と同程度の遅延理由・原因——異常事態——がある場合に限定することは肯定してよい。憲法の迅速裁判保障条項を直接適用できる場面をさらに拡大して裁判を打ち切ることには賛成できない）。限定し過ぎであろう。

　【18-3】の［裁判官団藤重光の反対意見］には，「高田事件と同じ範疇に属する事案についてはもちろん免訴説を採るとともに，右大法廷判決のいう「異常な事態」にまではいたらなくても，いちじるしく不当な訴訟遅延があったばあいには，すくなくとも当の手続に関するかぎりにおいて公訴の提起が後発的に無効になったものとして，刑事訴訟法338条4号によって公訴棄却の判決を言い渡すべきものとし，これによって憲法の迅速裁判保障条項のはたらく範囲をすこしでも拡大しようと考えた」，これが【18-3】の反対意見の立場であり，「かりに百歩をゆずって，本件が高田事件大法廷判決における程度の「異常な事態」に達していないとしても，わたくしは，右の見地から，すくなくとも公訴棄却の判決をもって手続が打ち切られるべき」と述べている。【13-3】【14-3】【18-3】のような事例では，法的正義の観点からみて，打切りの形式はともかく，手続打切りの措置を認めるべきであろう。そして，そのためには，裁判が著しく遅延した場合の裁判打切りの効果を生ぜしめる合理的基準と裁判手続打

切りを正面から認める新たな補充立法が必要と考える。現行の刑訴法337条4号の準用や刑訴法338条4号による裁判の打切り，刑訴法1条，刑訴規則1条違反による裁判の打切りには無理がある。現行法上これらの規定しか存在しないことは，実務上かえって，裁判所が裁判手続の打切りを否定する方向に傾斜せざるを得ない理由になっていることは間違いない。

第5章　迅速な裁判と裁判の促進・合理化，迅速な裁判と裁判の充実・適正との関係

　高田事件上告審判決に対し，「人権問題としての真の長期裁判問題を解決する方策としては糊塗的ないし擬似的なもの」「訴訟促進＝訴訟合理化政策のイデオロギー的役割はきわめて大きく，訴訟促進＝訴訟迅速化は刑事正当化の手続でみるかぎりこれによって新たな段階に入ったといいうるのではないか」との指摘がある（小田中聡樹「長期裁判問題への一考察」法時45巻5号27頁）。高田事件上告審判決は，裁判の促進・合理化を正当化し，裁判の充実・適正を損なうことにつながりかねないというのであろう。

　ところで，迅速な裁判に違反するとして裁判を打切る場合，2つの意味がある。1つは，憲法37条1項の保障する被告人の迅速な裁判を受ける権利の消極的実現としての，「被告人の地位からの開放」という意味である。もう1つは，不当に裁判を遅延させ，裁判の促進・合理化を著しく怠ったという当該裁判所・裁判官に対する批判であり，いわゆる裁判の遅延は「裁判の拒否（Delayed justice, denied jusutice)」に等しいという，裁判制度自体の存在意義を失わしめる非難である（【18-3】の［裁判官戸田弘の反対意見］において，「適正な裁判を迅速に実現するためには，すべての訴訟関係者の努力が必要であるが，手続を主宰する裁判所がその究極の責任を負うことは当然である。憲法は迅速な裁判を被告人の権利という立場から規定しているけれども，迅速な裁判，つまり遅くならない裁判は，社会生活，国民生活が存続，発展するための基本的な要件であるといわなければならない」「異常な遅延の事態が生じた場合には，思い切って打ち切りの措置をとることによって，当該事件の結末は不本意なものとなっても，将来の事件一般に関して裁判関係者の気持ちを引き締め，無数の事件について遅くならない裁判を現実のものとするために実際に役立つことになる」と述べている）。そして，被告人の迅速な裁判を受ける権利としての迅速な裁判も，裁判の促進・合理化としての迅速な裁判も，裁判の充実・適正を欠いている場合には，迅速な裁判かどうかを議論するまでもなく，その前提として裁判の名に値しないものとして排斥されるべきであろう。この場合にも迅速な裁判の問題を取り込んで議論することは事の本質を曖昧にし見誤る危

第5章　迅速な裁判と裁判の促進・合理化，迅速な裁判と裁判の充実・適正との関係

険がある。この意味において，迅速な裁判と裁判の充実・適正は相対立するものではなく，実質的に相互の意味内容を取込み合う，あるいは包摂するものとして考察すべきである。したがって，迅速な裁判を受ける権利の保障に違反するか否かを判断する場合には，当該裁判の充実・適正の観点からの事情をも考慮する必要がある。真に裁判の充実・適正確保の必要から審理期間の長期化もやむを得ないと判断される場合には，審理の長期化を理由に迅速な裁判の保障に違反するといえないことは当然である（但し，裁判の充実・適正確保の必要からのやむを得ない審理期間であったかどうかの判断はルーズに運用されるおそれがあり，厳格かつ慎重にされるべきである。そして，裁判の充実・適正の名の下に，安易に迅速な裁判を受ける権利の侵害はないとすることがあってはならないし，逆に迅速な裁判の名の下に，裁判の充実・適正を欠いた裁判が許されないことはいうまでもない）。短期間の手抜き審理（充実・適正を欠いた審理）で無罪判決がされたとしても，短期間の審理の事実をもって，憲法37条1項の迅速な裁判の保障を実現したといえないことは明らかであろう。いずれにしても，迅速な裁判を受ける権利の保障の問題も，裁判の促進・合理化の問題も，充実・適正な裁判の存在を前提として議論すべきである。

なお，被告人の迅速な裁判を受ける権利の保障（被告人の利益保護）というよりは，国家刑罰権の早期実現（裁判の促進・合理化）の視点から，迅速な裁判を考慮した判例として，次のものがある。

【21-3】　最決昭36・5・9刑集15・5・771

事実　原審は，共同被告人として共同審理を受けていた被告人3名に対し，同一の判決宣告期日を昭和35年12月16日午前10時と指定し，同判決宣告期日において，うち2名の被告人に対し無罪の判決を言渡したが，残りの1名Aに対しては，職権により判決宣告期日を約10カ月半後の昭和36年10月31日午前10時に変更した。

判旨　原決定取消。
「刑事裁判においては，訴訟法規の軌道に乗った上での実体法規の正当な適用こそが，裁判の適正，公正を保障するものであって，原決定のいう「裁判の適正，公正」の内容なるものは前叙によって明らかなように，第1に，既に判決を宣告し得る訴訟段階にあるのに，一挙に約10月半も言渡のみを延ばしたという通常な手続とは到底解されないものがある点において，第2に，原決定が，弁論終結時に指定した期日に判決を宣告すれば，「被告人に苛酷な結果を招来する」云々としているのは，実定刑法法規に従った法律適用の結果が，原裁判所自らにとり被告人に対し苛酷な観があることを以て，直ちに恰もその法律適用が裁判の適正の要請にかなわないものとする原裁判所独自の見解に基くものである点において，容認し得ない。従って，原決定の説明する如き理由で公判期日を変更して約10月半の期日経過自体を待つこ

第5章　迅速な裁判と裁判の促進・合理化，迅速な裁判と裁判の充実・適正との関係

とは，明らかに刑事訴訟における迅速な裁判の要請に反し，刑訴1条の趣旨を没却する訴訟の遅延を招来するものといわなければならない」。

【22-3】　最決昭37・2・14刑集16・2・85

事実　昭和36年8月16日被告人Aほか5名に対する暴力行為等処罰に関する法律違反等被告事件の公判期日において，被告人Aの弁護人から，同被告人が東ドイツに5年間留学する予定につき同被告人を分離結審の上，帰国後判決宣告されたい旨の申立があり，原裁判所はこれを容れ，分離決定して弁論を終結するとともに，裁判長において，判決宣告期日を追って指定する旨宣したが，この裁判長の処分への検察官の異議を棄却する決定に対する特別抗告である。

判旨　原決定取消。
「訴訟とはなんら関係のない被告人の個人的事情のみを考慮して5年後に判決宣告をしようとするのは，迅速裁判の要請に著しく反するものというべきである」
　［裁判官斉藤悠輔の少数意見］「本件抗告は，その理由がない。検察官は，弁論再開の申立をするか，又は，刑訴277条に準じ判決宣告期日を速やかに指定するよう司法行政監督上の措置を求めるを以て足りる」。

第6章　迅速な裁判と裁判迅速化法，迅速な裁判と裁判員法

　裁判迅速化法は，「裁判の迅速化に関し，その趣旨，国の責務その他の基本となる事項を定めることにより，第一審の訴訟手続をはじめとする裁判所における手続全体の一層の迅速化を図り，もって国民の期待にこたえる司法制度の実現に資すること」を目的に制定された。そして，同法2条1項は，「裁判の迅速化は，第一審の訴訟手続については2年以内のできるだけ短い期間内にこれを終局させ，……充実した手続を実施すること並びにこれを支える制度及び体制の整備を図ることにより行われるものとする」とし，第1審における刑事裁判についても2年以内の終局を設定し，同法8条1項は，最高裁に対し，「……裁判所における手続に要した期間の情況，その長期化の原因その他必要な事項についての調査及び分析を通じて，裁判の迅速化に係る総合的，客観的な検証を行い，その結果を，2年ごとに，国民に明らかにするため公表する」ことを義務付けている（公正かつ適正・充実した手続の下で裁判が迅速に行われることは，司法に課せられた不可欠の前提であることは間違いない）。これを受けて，最高裁判所は，裁判の迅速化に係る検証に関する規則（平成15年最高裁判所規則第26号）を定め，同規則1条で，最高裁判所事務総長が検討会を開催し，裁判官，検察官，弁護士および学識経験者の意見を聴くこととされている。

　最高裁判所は，平成17年7月に第1回目の，平成19年7月に第2回目の各検証結果をそれぞれ公表している。第1回目の報告書では，審理を長期化させる要因として，①事件の性質・内容に内在する要因，②当事者に関する要因，③裁判所に関する要因，④その他の要因を指摘し，審理が遅延している事件では，これらの要因が単独又は複合して，期日の回数等を増加させ，その間隔を長期化していること，これらの要因の背景には，要因を生み出す制度的制約，社会的・経済的環境があるとしている。そのうえで，第1回目の報告書では，検証の足掛かりとして，裁判の運営の実情を審理期間という視点から明らかにするため，民事および刑事の第1審訴訟事件を対象に，裁判所が収集している統計データを利用し，審理期間の現状について検証している。第2回目の報告書（最高裁判所事務

第6章 迅速な裁判と裁判迅速化法，迅速な裁判と裁判員法

総局「裁判の迅速化に係る検証に関する報告書」平成19年7月」）は，第1回目の報告書で行われたような網羅的なデータ分析は行われていないが，後述の公判前整理手続の運用状況に関する事項等がデータ項目に追加され，審理期間，期日回数・開廷回数，期日間隔・開廷間隔，人証数・取調べ証人数に関するデータは，最新のもの（平成18年1月から12月までのもの）が掲載され，新たに民事および刑事の控訴審訴訟事件について，第1審訴訟事件と同様に，審理期間の状況等に関する分析・検討を行っている。これによれば，平成18年1月から12月までの間に終局した地方裁判所の刑事通常第1審事件の平均審理期間は3.1月であり，審理期間が1年を超えるものは1.6％（1209人），2年を超えるものは0.3％（217人）であり（上記報告書229頁），同高等裁判所の刑事控訴事件の平均審理期間は3.2％であり，全体の6割を超える事件が3月以内に，9割を超える事件が6月以内に終局している（上記報告書293頁）。ほぼ問題なく処理されているといってよい。

第1回目の検証結果公表後，刑事関係においては，公判前整理手続および期日間整理手続（平成17年11月1日施行），被疑者に対する国選弁護人の選任制度及び即決裁判手続（平成18年10月2日施行）が新たな制度として開始されている。また，平成18年4月，総合法律支援法に基づき，日本司法支援センター（法テラス）が設立され，平成18年10月から業務を開始した。これらは平成21年5月までに実施が予定されている裁判員制度を円滑に運用させることを念頭においた制度であり，①充実した争点および証拠の整理のための公判前整理手続（刑訴法316条の2等）・証拠開示手続（刑訴法316条の14等），②被疑者に対する国選弁護人の選任（刑訴法37条の2等），③即決裁判手続（刑訴法350条の2等）等が既に実施され，それなりの成果を上げているようである。例えば，合議否認事件につき，公判前整理手続に付された事件の平均審理期間（5.9月）は，付されなかった事件（13.1月）の半分以下である。受理から第1回公判期日までの期間は，公判前整理手続に付された事件（4.1月）の方が，付されなかった事件（2.0月）より長いが，第1回公判期日から終局までの平均期間は，公判前整理手続に付された事件（4.1月）の方が，付されなかった事件（11.1月）より圧倒的に短い。平均開廷回数は，公判前整理手続に付された事件（4.3回）では，付されなかった事件（9.7回）の半分以下であり，第1回公判期日から終局までの平均開廷間隔も，公判前整理手続に付された事件（0.4月）では，付されなかった事件（1.1g）の3分の1強となっている。以上のほか，裁判員制度の実施に際し，接見交通権の保障の拡大，被疑者・参考人の取調べ情況の録音・録画（捜査の可視化）が迅速な裁判の実現にも深く関係するとして議論されている。これらの新たな制度を定着させ適切に運用していけば，迅速かつ充実した裁判に資することは間違いないであろう。

裁判の公開

● 刑事訴訟法判例総合解説

はじめに

　憲法は、37条1項において「すべて刑事事件においては、被告人は、……公開裁判を受ける権利を有する」と規定して被告人に対し公開裁判を受ける権利を保障するとともに、82条1項において「裁判の対審及び判決は、公開法廷でこれを行ふ」と規定し、裁判の公開を国民の権利として保障している（裁判公開の原則）。この公開裁判は、裁判が公正・適正に行われることを保障するため、被告人に対してのみならず、国民一般（民事訴訟の当事者等の訴訟関係者を含む）に対し認められた憲法上のいわゆる「制度的保障」というのが一般的解釈である。判例も一貫して、法廷を傍聴することを、個々の国民の権利として認めたものではないとしている（【23-3】【24-3】）。

　ところで、裁判の公開については、一般公開と当事者公開がある。両者の目指すところは共通し、多くは重なり合うが、「あるべき裁判」の視点から、違いが生ずる場合がある。公開の対象となる裁判とは何かとも関係するが、裁判の公開と秘密保護、裁判の公開と少年の保護・育成の問題である。前者については、法による保護を必要とする経済的利益あるいは人格的利益をめぐって紛争が生じ、これを裁判の場で解決する場合、裁判公開原則との関係で、訴訟審理を通して漏洩するおそれがあり、裁判による救済を求める意味がなくなってしまうのではないかである。後者については、少年審判において、被害者、その家族、遺族が傍聴を求める場合があり（一種の当事者公開といえようか）、これを認める方向で立法化の作業が進められているが、少年の健全な育成・保護という少年法の理念に反しないかである。公正・適正な裁判を保障し実現するための「裁判の公開の法理」を、「あるべき裁判」という、より高次元の理念によって検討し直すことは認められてよい。但し、「あるべき裁判」の内容が正しく把握されることが前提である。

第 1 章　序　　説

第 1 節　裁判の公開の意義

　「裁判の公開」とは，憲法上，対審および判決が公開の法廷で行われることをいい，「公開」は，裁判を，不特定かつ相当数の者が自由に傍聴しうる状態におくことを意味する。憲法は，公正・適正な裁判を実現するため，裁判の公開を，刑事裁判において被告人の権利として保障する（37 条 1 項）とともに，裁判制度の観点から刑事および民事裁判において国民一般（刑事および民事裁判における訴訟関係者を含む）に対し保障している（82 条 1 項）。裁判の公正・適正な運用を期するため，密室裁判を禁止して裁判手続を公開し，被告人および原告・被告，その他の訴訟関係者だけでなく，国民一般の直接の監視の下に置いてこれを保障しようとするものである（裁判公開主義）。したがって，特定の者に限定して傍聴を許す（例えば，報道関係者に限って傍聴を認める）ことは，裁判公開主義に反する。

　なお，憲 37 条 1 項の被告人の公開裁判を受ける権利も，憲 82 条 2 項による公開の停止の制約を受ける。但し，憲法が 82 条 1 項によって公開の裁判を保障するほか，37 条 1 項でも被告人の権利として保障していることから見て，公開の停止は厳格に解釈・運用されるべきである。したがって，公開が停止される場合にも，完全な秘密裁判の危険を防ぐために，被告人の家族・縁者・友人などの傍聴を認めることは，被告人の公開裁判を受ける権利を定めた憲法の精神に沿うものといえよう（宮沢俊義『憲法Ⅱ；新版』有斐閣法律学全集 421 頁）。

第1章 序 説

第2節 沿　革

　裁判の公開は，裁判が公正・適正に行われること，特に被告人の人権を保障することを目的とする原則であり，近代諸国の憲法が認めるところである。旧憲法においても，現憲法37条1項に相当する規定はなかったが，旧憲法59条で「裁判ノ対審判決ハ之ヲ公開ス但シ安寧秩序又ハ風俗ヲ害スルノ虞アルトキハ法律ニ依リ又ハ裁判所ノ決議ヲ以テ対審ノ公開ヲ停ムルコトヲ得」と定め，対審及び判決について公開裁判の原則を保障していた。そして，この本文の意味内容は現憲法82条1項と同じであり（公開の停止が「対審」にのみ認められ，「判決」については常に公開すべきことも同様である），裁判の「公開」が傍聴の自由（裁判の見聞）を含むことも同様であった。しかし，傍聴の自由が報道の自由を含むかについては，現憲法下においては後述するとおり議論のあるところであるが，旧憲法下では報道の自由を含むものではないとするのが判例であった（【25-3】）。また，公開の停止について，「安寧秩序又ハ風俗ヲ害スルノ虞」（旧憲法59条）は「公の秩序又は善良の風俗を害する虞」（現憲法82条2項）と同じ意味と解されるが，公開の停止の決定について，現憲法82条2項では「裁判官の全員一致」によるべきものとされているのに対し，旧憲法59条においては，「裁判所ノ決議」で行うとされ，その決議は全員一致ではなく過半数であった。さらに，現憲法82条2項は，対審について，特に「政治犯罪，出版に関する犯罪又はこの憲法第3章で保障する国民の権利が問題となってゐる事件」については公開の停止が適用されないとし，公開の原則に対する例外を最小限度にとどめている。現憲法は，裁判の公開の重大性に鑑み，その例外としての公開の停止ができる場合を厳格に制限したうえ，停止については裁判官の全員一致を必要とするとした。

第3節　問題状況

　裁判の公開については当初，専ら公開を必要とする裁判の内容・範囲を巡る議論が中心であり，この点について判例も積み重ねられてきた。他方，公開裁判の法的性格，権利性については，被告人の公開裁判を受ける権利としても，国民一般（傍聴人）の権利・利益としても議論は乏しく，後者につき，昭和60年，傍聴人のメモ採取不許可国家賠償請求訴訟（【23-1】）が東京地裁に提起されて初めて本格的に問題とされるようになったといってよい。そして，最高裁は，平成元年3月8日，上記メモ採取不許可国家賠償請求訴訟において，憲法82条1項，同21条1項との関連で傍聴人のメモの自由を認める判断を示したが（【24-3】），傍聴人のメモ行為の法的性格，権利性，実際の裁判においてメモを禁止する必要性の認識などの点について，四ッ谷巌裁判官より，実務経験に基づく詳細な反対意見が述べられている。

第4節　本研究の方法

　裁判の公開の中心課題は，①報道機関の記者を含む傍聴人の権利・利益の法的性格，②裁判の公開の内容，③公開の対象となる裁判の内容・範囲である。本研究もこれに従った。①②については，表現・報道の自由との関係，公正・適正な裁判の保障（被告人の人格権・肖像権等の保護を含む）の保障との関係が深く関わっており，種々の見解が主張されている。③に関しては，判例は少なくないが，実務の場ではほぼ解決されたといってよい。

第2章　裁判の公開の法的性格

第1節　被告人の権利としての裁判の公開（憲法37条1項）

　被告人の権利としての裁判の公開は、後述の第5章のとおり、刑事訴訟法の各条文により、具体化されている。なお、憲法37条1項は刑事被告人に関するものであり、民事訴訟に関する規定ではないが、民事訴訟の当事者（原告・被告）についても、ほぼ同様の規定がある（民事訴訟法312条1項および同条2項5号参照）。

　憲法37条1項の被告人の権利としての裁判の公開は、後述の第5章のとおり、民事訴訟法および刑事訴訟法の各条文により、具体化されている。

　憲法37条1項においては、裁判の公開は、被告人の権利の側面から規定されていることから、その対象を対審および判決に限定している憲法82条1項とは若干異なる意味がある（佐藤功『憲法』ポケット注釈全書(4)237頁）。例えば、予審制度（旧刑訴法295条は、裁判官による公判手続前の取調手続で、事件を公判に付すべきか否かを決定すると同時に、公判で取調べたいと思われるような証拠の収集保全を目的とする手続を規定していたが、非公開で、弁護人の立会権もなく、被告人は予審判事の一方的取調の客体にすぎず、予審結果を記載した予審調書は公判廷で無条件に近い証拠能力を持つとされていた）は、憲法82条1項の対審及び判決には該当しないが、憲法37条1項の趣旨・精神により（本条の趣旨・精神に適合しないものとして）、違憲と解する余地があり、現憲法施行とともに廃止された。

　なお、拘禁理由開示は、被告人（被疑者）を含む一定の利害関係人に対し、公開の法廷において、被告人ら被拘禁者が如何なる理由で拘禁されているかについての知る権利を保障した制度である（憲法34条。刑訴法82条以下および刑訴法規則81条以下に、勾留理由開示制度として規定されているが、勾留理由開示は、実務上主として、被疑者の勾留段階で実施

されている)。拘禁理由の開示が憲法37条1項，82条1項の「裁判」といえるかは議論のあるところであるが，拘禁という根源的人権にかかわることから，上記各条項とは別に条文を設け，特に公開の法廷において開示を受ける権利として保障したものである。

第2節　国民(傍聴人)の権利・利益としての裁判の公開(憲法82条1項)

　裁判において傍聴人の地位を得た者は，憲法82条1項の裁判の公開の規定に基づき傍聴人としての憲法上の権利を有するとの法的権利説(平野龍一『刑事訴訟法』有斐閣，165頁，同『刑事訴訟法概説』東京大学出版会，110頁)，権利性も法的利益も否定し，上記憲法の条項は裁判の公開を制度として保障したにすぎないとの制度的保障説(【23-3】，【24-3】における四ッ谷巌裁判官の見解)，権利性は否定するものの，ある種の利益を認める法的利益説(この立場は，制度的保障を前提とするから，修正された制度的保障説というべきであろう)が主張されている。判例は法的権利説でないことは明らかであり，判示内容から見て法的利益説といえようか(【24-3】における法廷意見)。

　なお，国民に対する裁判の公開は，憲法82条1項による保障のみならず，憲法21条1項(表現の自由)によっても保障されるものであり，したがって，裁判の公開は裁判へのアクセス権(裁判を知る権利)をも保障するものであって，その中には当然後述するメモを取る権利も含まれるとする見解がある(【24-1】における原告の主張)。

第3章　裁判の公開の内容

　裁判の「公開」とは，審理および裁判を，不特定かつ相当数の者が自由に傍聴できる状態におくことを意味する。訴訟関係人に審理に立ち会う機会を与えるという当事者に対する公開（当事者公開）のみならず，一般国民に対する公開（一般公開）を含むが，一般公開が中核である（憲法82条1項）。いずれも，秘密裁判を排斥し，司法の公正と裁判に対する国民の信頼を保持することを目的とする。当事者公開は，訴訟事件においては，対審構造から当然に公開が保障されるものである。非訟事件については，当事者公開を認めるか否か，認めるとしてどの範囲で認めるかは立法政策上の問題である（なお，平成19年6月，「犯罪被害者等の権利利益の保護を図るための刑事訴訟法等の一部を改正する法律」が成立した。同法は，犯罪被害者等に関する情報の保護，犯罪被害者等が刑事裁判に直接関与することができる制度である。具体的には犯罪被害者等が在廷し，検察官と同様な事実，情状に対する意見，求刑を認める制度の導入を内容とするものである）。これに対し，一般公開は，公衆公開ともいわれ，公開された法廷で，一般国民が裁判手続を直接に見聞する傍聴（裁判の見聞）が基本である。

第1節　傍聴（裁判の見聞）

　判例（【24-3】）は，前述のとおり，憲法82条1項によって裁判の公開が制度として保障され，国民は裁判を傍聴できることとなるが，裁判所に対して傍聴することを権利として要求できること（裁判の傍聴の自由）まで認めたものではないとする。また，法廷において最優先されるべきは適正かつ迅速な裁判の実現，公正かつ円滑な訴訟の運営であり，これが妨げられる場合には傍聴も制限又は禁止される。

　相当数の者が傍聴できれば，法廷の設備な

第3章　裁判の公開の内容

どの関係から傍聴人の人数を制限したり，法廷の秩序維持の必要から傍聴券を発行して，その所持者に限り傍聴を許すことにしたり，裁判所の職務の執行を妨げ若しくは不当な行状をすることを疑うに足りる顕著な事情が認められる者の入廷を禁止したり（裁判所傍聴規則1条1号，3号等），退廷を命じたり（裁判所法71条2項）することは，裁判の公開の原則に反しない。報道関係者，被告人の親族，被害者・遺族等に対し傍聴席を確保するなどの措置は，一般国民の傍聴の機会を著しく制約しない限り，公開の原則に反しない（報道機関，特に司法記者クラブに所属する報道機関の記者だけに優遇して傍聴を認めることも許される。憲法14条1項の規定にも違反しない【24-3】参照）。裁判長の裁量の問題である。

第2節　写真撮影，速記，録音，録画，放送

写真の撮影，速記，録音，録画又は放送は，裁判の公正な運営に対し障害を与えるおそれがあるから，法廷の秩序維持の責任を負う裁判長の許可を得なければ，これをすることができない（刑訴規則215条——但し，民訴訟規則77条と異なり，「速記」「録画」「放送」の文言がないが，別異に解すべき理由はない——，民事訴訟規則77条）。

この関係で，報道関係者の法廷内における取材活動として，写真撮影が許されるかが問題となる。留意すべきは，法廷内のこととはいえ，裁判の公開（憲法82条1項）に関する問題ではなく，主として報道の自由（憲法21条1項）に関する問題として議論されていることである（【23-3】）。そして，法廷における取材活動を法的権利でも法的利益でもなく，裁判所が法廷内で取材活動を禁止しても，憲法21条1項に違反しないとする見解（【23-3】），本来の報道の自由は取材された事実を報道する自由を意味し，取材の自由を含まないから，法廷内での取材活動は法的権利ではないが，法的利益であるとする見解，法的権利であるとする見解等が主張されている。判

例の立場は必ずしも明らかでないが、法的利益説といえようか（【24-3】参照）。なお、現在の裁判実務では、裁判長の許可を得たうえ、開廷宣言前の約2分間、ビデオ撮影が行われている。

【23-3】 最判昭 33・2・17 刑集 12・2・253

事実 新聞社の写真班員が、裁判所から事前に、「公判廷における写真撮影は審理の都合上、裁判官が入廷し公判が開始された以後は、これを許さないから、公判開始前に撮影されたい」旨告げられていたが、公開の法廷で裁判所の許可なく裁判長の制止も聞かずに、裁判官席のある壇上から被告人に向けて写真撮影し、法廷秩序維持法により過料の制裁を課され、これに対し特別抗告をした事案。

判旨 特別抗告棄却。
「新聞が真実を報道することは、憲法21条の認める表現の自由に属し、またそのための取材活動も認められなければならないことはいうまでもない。しかし、……憲法が裁判の対審及び判決を公開法廷で行うことを規定しているのは、手続を一般に公開してその審判が公正に行われることを保障する趣旨にほかならないのであるから、たとえ公判廷の状況を一般に報道するための取材活動であっても、その活動が公判廷における審判の秩序を乱し被告人その他訴訟関係人の正当な利益を不当に害するがごときものは、もとより許されない」「公判廷における写真の撮影等は、その行われる時、場所のいかんによっては、……好ましくない結果を生ずる恐れがあるので、刑事訴訟規則215条は写真撮影の許可等を裁判所の裁量に委ね、その許可に従わないかぎりこれらの行為をすることができないことを明らかにしたのであって、右規則は憲法に違反するものではない」

速記に関連し、ワープロ（パソコン）を持ち込んでメモ代わりに使用できるかが問題となる。使用音による審理の妨害になる場合には、筆記具によるメモとは異なった規制・制限もやむを得ないであろう。

第3章　裁判の公開の内容

第3節　メ　モ

　法廷におけるメモについても，上記写真撮影，速記等と同様，裁判長の許可を得なければできないというのが，裁判実務であったが，【24-3】以後，後記のとおり，原則として許可を得なくともメモが認められるようになった。

　なお，法廷におけるメモは，傍聴の自由の問題と分離して論ずることはできない。したがって，傍聴を権利として要求すること（裁判傍聴の自由）を認めない判例は，傍聴人が法廷においてメモを取ることも権利として保障しているものではないとしている（【24-1】【24-2】【24-3】）。

【24-1】　東京地判昭62・2・12 判タ 627・225
（メモ採取不許可事件第1審判決）

事実　Xはアメリカワシントン州弁護士資格者で国際交流基金特別研究員として，日本の証券市場に関する法的規制等の研究をしていた。昭和57年10月から東京地裁で所得税法違反被告事件の公判を傍聴した。公判期日ごとに公判に先立ち裁判長に傍聴席でメモを取ることに許可を求めたが，裁判長は，公判期日で司法記者クラブ所属の記者にはメモを取ることを許可していたが，傍聴人がメモを取ることを一般に禁止していたので許可しなかった。そこでXは，裁判長の措置を違憲，違法として国家賠償を求めた。

判旨　請求棄却。
　「憲法21条の趣旨に基づく裁判の内容を認識する自由は，憲法上は，五感の作用により右内容を認識するための機会を付与することにとにより，必要かつ十分に充足されるものと解すべきである。
　他方，法廷におけるメモ行為は，右のような五官の作用による裁判内容の認識自体とはやや性格を異にし，認識した内容の一部をその場でノート等に記録することにより，右認識内容を記憶し，のちにこれを表現する際の精度を高めるための補充行為というべきものであり，かつ，右行為自体が公正な裁判の運営に影響を及ぼす可能性を内在している……から，右のような裁判内容を認識する際の補充行為まで当然に憲法上保障されていると認めることはできない」。

【24-2】　東京高判昭62・12・25 判タ 653・234（メモ採取不許可事件控訴審判決）

判旨　控訴棄却。
　「憲法21条1項は，情報を受領し，収集する自由も基本的には保障されなければならない」「しかしながら，法廷は傍聴人に対して情報を提供する場である以前に，……双方当事者の真摯な弁論と証拠調べを通じて，裁判所が極めて重要な国家行為である裁判をする場であるから，訴訟の公

第3節 メモ

正かつ円滑な運営に少しでも影響を及ぼすおそれがある限り、メモをとることが制限されることのあるのは、やむを得ないところである。したがって、法廷において傍聴人がメモをとることが法廷警察権によってもこれを一般的に禁止できないとか、許可請求があれば必ず許可しなければならないという程度にまで憲法21条によって保障されているということはできない」「憲法は、……82条1項において、「裁判の対審及び判決は、公開法廷でこれを行ふ。」と規定する外、34条は、抑留・拘禁の理由は公開の法廷で開示しなければならない旨を規定し、また、37条1項は、刑事被告人に対し、迅速な公開裁判を受ける権利を保障している。いうまでもなく、これらの規定は、歴史的な産物であって、過去における密室裁判を排除し、司法に対する国民の関心と信頼を高めるために、必要な憲法的原理として導入されたものである。それ故、憲法82条にいう裁判の公開は、国民一般に対してその手続が行われる場所、即ち法廷において裁判を傍聴し得ることを意味するものと解すべきである。したがって、この利益以上に、傍聴人が法廷においてメモを取る権利を有するかどうかは、憲法82条自体の関知するところではない」「憲法82条を理由に、メモを取ることが法廷警察権による制限を受けないということはできない」。

【24-3】 最判平元·3·8 民集 43·2·92
（メモ採取不許可事件上告審判決）

判旨 上告棄却。
「憲法82条1項の規定は、裁判の対審及び判決が公開の法廷で行われるべきことを定めているが、その趣旨は、裁判を一般に公開して裁判が公正に行われることを制度として保障し、ひいては裁判に対する国民の信頼を確保しようとすることにある。裁判の公開が制度として保障されていることに伴い、各人は、裁判を傍聴することができることとなるが、右規定は、各人が裁判所に対し傍聴することを権利として要求できることまでを認めたものでないことはもとより、傍聴人に対して法廷においてメモを取ることを権利として保障しているものでないことも、いうまでもない」しかし、「裁判の公開が制度として保障されていることに伴い、傍聴人は法廷における裁判を見聞することができるのであるから、傍聴人が法廷においてメモを取ることは、その見聞する裁判を認識、記憶するためになされるものである限り、尊重に値し、故なく妨げられてはならないものというべきである」「メモを取る行為が意を通じた傍聴人によって一斉に行われるなど、それがデモンストレーションの様相を呈する場合などは論外としても、当該事件の内容、証人、被告人の年齢や性格、傍聴人と事件との関係等の諸事情によっては、メモを取る行為そのものが、審理、裁判の場にふさわしくない雰囲気を醸し出したり、証人、被告人に不当な心理的圧迫などの影響を及ぼしたりすることがあり、ひいては公正かつ円滑な訴訟の運営が妨げられるおそれが生ずる場合のあり得ることは否定できない」「しかしながら、それにもかかわらず、傍聴人のメモを取る行為が公正かつ円滑な訴訟の運営を妨げるに至ることは、通常はあり得ないのであって、特段の事情のない限り、これを傍聴人の自由に任せるべきであり、それが憲法21条1項の規定の精神に合致するものということができる」「報道の公共性、ひいては報道のための取材の自由に対する配慮に基づき、司法記者クラブ所属の報道機関の記者に対してのみ法廷においてメモを取ることを許可することも、合理性を欠く

第3章　裁判の公開の内容

措置ということはできない」「裁判長において執った右の措置は，……合理性を欠くとまでいうことはできず，憲法14条1項の規定に違反するものではない」。

［裁判官四ッ谷巌の意見］

「憲法82条1項の規定の趣旨は，裁判を一般に公開して裁判が公正に行われることを制度として保障し，ひいては裁判に対する国民の信頼を確保しようとすることにあって，各人に裁判所に対して傍聴することを権利として要求できることまでを認めたものでないことはもとより，傍聴人に対して法廷においてメモを取ることを権利として保障しているものでもないことは，多数意見の説示するとおりであり，右規定の要請を満たすためには，各法廷を物的に傍聴可能な状態とし，不特定の者に対して傍聴のための入廷を許容し，その者がいわゆる五官の作用によって，裁判を見聞することを妨げないことをもって足りるものといわなければならない」「憲法21条1項の規定は，表現の自由を保障している」「多数意見は，各人が自由にさまざまな意見，知識，情報に接し，これを摂取する自由は，右規定の趣旨，目的からいわばその派生原理として当然に導かれるところであり，筆記行為も，情報等の摂取を補助するものとしてなされる限り，右規定の精神に照らして尊重されるべきであるとし，更に傍聴人が法廷においてメモを取ることも，見聞する裁判を認識，記憶するためになされるものである限り，尊重に値すると説示する。情報等を摂取する自由及び筆記行為の自由についての説示は，一般論としては，正にそのとおりであろう。しかしながら，傍聴人のメモに関する説示には，賛同することができない」「法廷は，いわゆる公共の場所ではなく，事件を審理，裁判するための場であることは，いうまでもない。したがって，そこにおいては，冷静に真実を探究し，厳正に法令を適用して，適正かつ迅速な裁判を実現することが最優先されるべきである。」「傍聴人の行為も，裁判長の裁量によって規制されて，然るべきものである。メモを取る行為も，その例外ではない。そうすると，裁判長は，その裁量により，傍聴人がメモを取ることを禁止することができ，その結果，傍聴人は法廷において情報等を摂取する自由を十全に享受することができないこととなるが，法廷は前示のとおり審理，裁判の場であること，並びに，傍聴人は，その自由な意思によって，裁判長の主宰の下に裁判が行われる法廷に入り，裁判官及び訴訟関係人の活動を見聞するにすぎない立場にあることにかんがみれば，これをもって憲法21条の規定に違背するといえないことはもちろん，その精神に違背するということもできない」「傍聴人が法廷においてメモを取る自由は，法的に保護された利益とまでいうことはでき」ない。「傍聴人の法廷におけるメモをその自由に任せることの当否について，付言する」と，「最も配慮されなければならないことは，法廷を真実が現れ易い場としておくことであるところ，法廷において傍聴人がメモを取っていた場合，たとえそれが静穏になされていて，法廷の秩序を乱すことがないとしても，証人や被告人に微妙な心理的影響を与え，真実を述べることを躊躇させるおそれなしとしない」「そのような影響の有無は，多くの場合，事前に予測することは困難ないし不可能に近く，しかも，そのために法廷に真実が現れなかった場合には，当該事件の裁判にも取り返しのつかない影響を及ぼすこととなってしまうことは多言を要しない」「法廷の情況を記述した文書が，傍聴人が法廷において取ったメモに基づいて作成したものとして，頒布された場合には，それが不正確なものであったとしても，世人に対しあたかもその内容が真実であるかのような印象を与え，

疑惑を招きかねないし、このような事態を事前に防止することは不可能というべきであり、しかも一旦世人に与えられた印象は、容易に払拭することができない」「法廷におけるメモを傍聴人の自由に任せ、メモを取ることにより証人、被告人に心理的影響を与えるおそれがあるか、又は法廷を審理、裁判にふさわしい場として保持できないおそれがある場合においてのみ、裁判長が法廷警察権に基づきこれを禁止する措置を講ずることとした場合には、私の経験によれば、例外的に禁止の措置を執った法廷において、その措置をめぐって紛糾し、円滑な訴訟の運営が妨げられるに至る危惧が十分にあり、これを防止するためには、各法廷においてあらかじめ一般的に傍聴人がメモを取ることを禁止し、申出をまって裁判長の裁量により個別的にその許否を決することとするのが相当であるということになるのである」。

このメモ採取不許可上告審判決は、傍聴人に対しメモを取る権利（取材の自由）を認めたものではないが、憲法21条1項の規定の精神と憲法82条1項による裁判公開の制度的保障の趣旨から、法廷におけるメモを原則として認めたものといってよい。すなわち、最判昭58・6・22民集37・5・793頁を引用して、情報等を摂取する自由は憲法21条1項の派生原理として当然に導かれるものであるから、傍聴人が法廷においてメモを取ることは、その見聞する裁判を認識、記憶するためにされるものである限り、尊重に値し、故なく妨げてはならないとし、原則的に法廷におけるメモを傍聴人の自由に任せるべきであるとした。この判例以後、実際の裁判の場でも傍聴人が法廷で証言・供述のメモを取ることは、原則として自由にできるようになっている。

法廷におけるメモの法的性格について、本判例では必ずしも明らかでない。表現の自由そのもの（権利）とは異なる、一種の法的保護に値する利益と解する立場（阿部照哉「傍聴人のメモの制限と表現の自由・裁判の公開」判時1321号196頁。なお、最判昭44・11・26刑集23・11・1490頁は、報道のための取材の自由について「憲法21条の精神の尊重」という表現をしている）、法廷警察権の甚だしく不当な行使からの救済を求め得る消極的権利と解する立場（日比野勤「法廷での傍聴人のメモ行為と憲法82条・21条」判例セレクト89・11頁）がある。なお、四ッ谷巌裁判官の反対意見は、法廷が公共の場でなく、審理の場であることを重視して、メモ行為の上記法的利益をも否定する。刑事裁判官としての長年の実務経験に基づく意見といえよう。

なお、報道機関の取材の問題との関係で、一般傍聴人のメモが例外的に禁止される場合にも、報道機関の取材メモについては報道の自由・国民の知る権利により認めるべきとの見解がある（小林節「法廷メモと表現の自由」法律のひろば42巻6号12頁）。

第3章 裁判の公開の内容

第4節　裁判の公開と報道の自由との関係

　裁判が公開される以上，これを報道することは，一般に認められるべきであるが，公開裁判の原則（傍聴の自由）と裁判の報道の自由との関係については，議論がある。裁判の公開の原則（傍聴の自由）と裁判の報道の自由は区別されるとするのが次の判例（【25-3】）である（なお，最判平成元年3月8日判時1299号41頁も同旨）。これに対し，前掲憲法ポケット注釈全書(4) 490頁，宮沢俊義『全訂日本国憲法』日本評論社697頁，佐藤幸治『憲法（新版）』現代法律学講座5，青林書院288頁，芦部信喜『憲法』岩波書店271頁等は，公開の原則（傍聴の自由）は裁判の報道の自由を含むとしている。報道の自由も，憲法21条1項の表現の自由に含まれ（最決昭和44年11月26日刑集23巻11号1490頁も，これを認める），憲法82条1項の裁判の公開原則は，表現の自由の内容である「知る権利」に対応し，これを具体的に保障する趣旨と解するものである。

【25-3】　大判昭8・9・27法律新聞3626

事実　公開裁判での弁論を記事に記載したことが朝憲紊乱の罪に当たるとして新聞紙法42条違反に問われたもの。安寧秩序を害するおそれがないとして公開しながら，その内容を報道したことが朝憲紊乱にあたるというのは矛盾撞着であるとして上告した。

判旨　上告棄却。
　「（公開裁判の原則は）一般人民に裁判傍聴の機会を与え以て裁判の公正を保障せむとするに在り。敢えて弁論の内容を聞知せしむることを以て目的とするものに非ず。然れば傍聴者の如きも自ら法廷の収容し得る少数の者に限られ，其の員数の如き之を新聞雑誌等公刊物の読者の無数なるに到底比すべくもあらざるなり。随て訴訟における弁論としては未だ以て安寧秩序又は風俗を害する虞ありとして公開を停むるの要なかりしものと雖，新聞雑誌に掲載するときはかくの如き虞ありとして之を禁ぜざるべからざる場合あるべく」。

　なお，裁判の公開は，テレビ・ラジオ放送などを通して法廷外の国民に裁判を伝えること（間接公開）まで保障したものでない。裁判の公開としての傍聴は，法廷内における傍聴（直接公開）に限定される。

第4章　公開の対象となる裁判の要件

　広義の裁判には，民事および刑事の訴訟手続のほか，非訟事件手続，家事審判手続，弾劾裁判所による裁判，裁判官の懲戒裁判なども含まれる。そのうち公開が要求される裁判は，憲法82条が司法権の章に規定されていることから見て，固有の司法権の作用に属するもの，すなわち法律要件事実（法律事実，犯罪事実）を確定し，法律効果（権利義務，刑罰権の有無・範囲）を宣告する裁判（訴訟事件に関する裁判）に限定される。

　なお，憲法82条1項は，公開の裁判を対審および判決に限定して要求している。これに対し，憲法37条1項は，文言上，上記のような制限はなく，例えば，同条項の「迅速な裁判」については前記のとおり，「審理自体」の迅速だけでなく，「公訴提起（捜査）」の迅速も含むとする見解も主張されているが，憲法37条1項の被告人の公開裁判を受ける権利については，憲法82条1項の制約がある（芦部信喜編『憲法Ⅲ人権(2)』有斐閣大学双書191頁）。すなわち，憲法37条1項の被告人の権利としての「公開裁判」も，基本的には憲法82条1項と同様，対審及び判決についての裁判を対象とし，「裁判官の全員一致で，公の秩序又は善良の風俗を害する虞があると決した場合には，対審は，公開しないでこれを行ふことができる。但し，政治犯罪，出版に関する犯罪又はこの憲法第3章で保障する国民の権利が問題となつてゐる事件の対審は，常にこれを公開しなければならない」とする同条2項の条件付きの例外が認められていると解してよい。憲法が2つの条項を設定して公開裁判を保障し，憲法37条1項では被告人の権利として保障することによって，国に対しこれを妨害することを禁止し，かつ実効あらしめようとするものである。

第4章　公開の対象となる裁判の要件

第1節　訴訟手続に関する裁判であること

　上記のとおり，公開の対象となる裁判を，訴訟手続に関する裁判と限定したが，そもそも公開が要求される裁判かどうかを，どのような基準で決定するかが問題とされている。

(1) 事件の性質に応じて決定される立法政策上の問題であるとするもの

【26-3】　最決昭31・10・31民集10・10・1358

[事実]　家屋明渡請求訴訟事件につき，その継続中に借家調停に廻されたが，不調となったことから，戦時民事特別法19条2項，金銭債務臨時調停法7条1項により，「調停に代わる裁判」として決定がなされ，これに対する抗告，再抗告がいずれも棄却となったことから特別抗告の申立がされた。

[判旨]　特別抗告棄却。
　「抗告人は，本件調停に代る裁判並に原裁判が非公開の中に決定された違憲ありというが，右各裁判は対審乃至判決の手続によるものではないから，違憲の主張はその前提を欠く」。
　[裁判官真野毅の反対意見]
　「法律上の争訟の一切を裁判することが，憲法上司法権として裁判所の権限に属せしめられている。すなわち，裁判所は個々の法律上の争訟について，具体的な一定の事実を確定し，この事実に法律を厳正に適用して裁判をすることを憲法上の任務とする」「「調停に代わる裁判」は実体法の面からいっても，訴訟手続の面からいっても，法律の厳正な適用による裁判ではなく，裁判所が職権により多分に主観的・便宜主義的・行政的に独裁するものたるに過ぎない。これは本質において憲法32条にいわゆる裁判すなわち真の裁判ではなく，裁判という名を冒称する擬装の裁判であると言わなければならぬ」。
　[裁判官小谷勝重の反対意見]
　「本件はもと一般の民事訴訟事件として提起されたものであるから，その権利の存否を確定する裁判手続は民事訴訟法による判決手続，すなわち同法の定める証拠法則，当事者主義並びに口頭弁論主義に基き且つ公開された法廷で行われなければならないことはいうまでもない。しかるに「調停に代わる裁判」は，その証拠方法は疎明の方法により，また職権並びに審問の手続により且つ公開法廷によらざる非訟事件手続法によってなされるものであり，その不服申立の方法も抗告手続によるものであるにかかわらず，その裁判は「裁判上の和解」と同一の効力を有するものであるから，民訴203条により確定判決と同一の効力を有するに至るものである」「確定判決と同一の効力を付された裁判は，本来の民事訴訟法による裁判を受ける権利を奪うものであり，その規定は憲法32条，82条の各保障に反する違憲の規定であって，その裁判は無効である」
　[裁判官島保，同岩松三郎の反対意見]

第 1 節　訴訟手続に関する裁判であること

「「確定判決ト同一ノ効力ヲ有ス」というのは，単に訴訟終了の効果と執行力あることを認めたに止まり必ずしも既判力を認めたものではないと解するを相当とする」「調停に代る裁判が確定しても，ただ事件終了の効果と執行力を有するだけで既判力を有するものではない」「従って裁判所によって指示せられたかかる解決方法を甘受し得ないとする当事者において，その法律上の争訟を解決するため更に訴を提起し公開の裁判を受け得る権利を終局的に排除するものではない」「しかしながらわれわれの右見解は不幸にして多数意見の賛同を得ず裁判所としてこの見地に立って判断をしないこととなった以上，前説示のとおり憲法 32 条，82 条が何人も法律上の争訟については司法裁判所において原則として公開さるべき法廷で対立弁論の手続により審判を受け得べき権利あることを保障するものたることを確信するわれわれは所論調停に代る裁判の制度は右憲法の条規に違反するものとなさざるを得ない」。

［裁判官藤田八郎，同入江俊郎の反対意見］

調停に代わる裁判は「性質上非訟事件に属するものというべきである」「性質上非訟事件に属せず，純然たる訴訟事件に属するものについて，事実の確定を為し，当事者の主張する権利の存否を確定する裁判をするごときことは」金銭債務臨時調停法 7 条の「「調停に代わる裁判」の範囲内に属しないものというべきである」「憲法は，第 82 条において，「裁判の対審及び判決は公開法廷でこれを行う」と規定しているのみで，いかなる裁判は公開の対審を経た上でしなければならないかを明文をもって明らかにしていないけれども，純然たる民事上の訴訟事件について，終始，公開の対審を経ることなく権利の存否確定の裁判をするがごときはこれを禁ずるものである趣旨は，同条において，おのずから潜在的に規定されているものと解すべきである」「本件のごとき純然たる民事上の訴訟事件について，ついに一回の公開の対審を経ることなく，本件「調停に代わる裁判」のごとき裁判をすることは，ただに，前記のごとく金銭債務臨時調停法 7 条の規定に違反するのみならず，又憲法の右条項にも反するものであって，新憲法下，各種調停法の改正にあたって，同条が廃止された所以も，また，ここに存するものと思料する」。

［裁判官池田克の反対意見］

「憲法 32 条のいわゆる裁判は，法律に定めた本来の意味の訴訟手続，すなわち対審の方式によって行われる争訟事件の裁判の手続をいい，たとえ裁判所が行うものであっても，この方式を履まないものは，本条にいう裁判ではない。また，同 82 条の裁判公開の原則は，裁判の手続が公開法廷で行われることにより，その公正が保障されるものとする趣旨に出ずるものに外ならない。このように，右の裁判とその公開の原則とは，不可離の関係にあるのであって，憲法は，法律上の争訟については，対審が認められ判決の形式による裁判がなされる手続によって，裁判所の公開裁判を受ける権利を国民に保障しているのである」「調停に代わる裁判は，たとえ基本の権利関係につき当事者間に争があって調停が成らない場合においても，これをなし得る」「戦時民事特別法 19 条は，金銭債務臨時調停法 7 条ないし 10 条を借地借家調停法による調停に準用する限度において，憲法 32 条，82 条が保障している裁判所の公開裁判を受ける権利を奪うものというべきであり，違憲である」。

(2) 純然たる訴訟事件は公開の法廷によるべきであるとするもの

法律事実を確定し法律効果（権利義務，刑

第4章　公開の対象となる裁判の要件

罰権の存否・範囲）を宣言することを目的とする純然たる訴訟事件については，必ず公開法廷における裁判によって行わなければならないと解するもので，現在の裁判例の大勢といってよい。多くの裁判例は，純然たる訴訟事件といえないもの，すなわち，①法律事実を確定し法律効果を宣言することを目的としない場合（性質上非訟事件），②法律事実を確定し法律効果の確定・宣言することがあっても，その判断が終局的ではなく，別に訴訟手続において法律効果の存否・範囲を争える途が存在する場合には，公開の法廷による必要はないとしている。

①　訴訟事件としての性質が認められない（非訟事件）として，裁判の公開を要しないとしたもの

【27-3】　最決昭40・6・30民集19・4・1089

[事実]　家事審判法9条1項乙類1号の夫婦の同居，その他夫婦間の協力扶助に関する処分の審判。

[判旨]　抗告棄却。
「如何なる事項を公開の法廷における対審及び判決によって裁判すべきかについて，憲法は何ら規定を設けていない。しかし，法律上の実体的権利義務自体につき争があり，これを確定するには，公開の法廷における対審及び判決によるべきものと解する。けだし，法律上の実体的権利義務自体を確定することが固有の司法権の主たる作用であり，かかる争訟を非訟事件手続または審判事件手続により，決定の形式を以て裁判することは，……憲法の規定を回避することになり，立法を以てしても許されざるところであると解すべきであるからである」「同居義務等は多分に倫理的，道義的な要素を含むとはいえ，法律上の実体的権利義務であることは否定できないところであるから，かかる権利義務自体を終局的に確定するには公開の法廷における対審及び判決によって為すべきものと解せられる」「前記の審判は夫婦同居の義務等の実体的権利義務自体を確定する趣旨のものではなく，これら実体的権利義務の存することを前提として，例えば夫婦の同居についていえば，その同居の時期，場所，態様等について具体的内容を定める処分であり，また必要に応じてこれに基づき給付を命ずる処分であると解するのが相当である。けだし，民法は同居の時期，場所，態様について一定の基準を規定していないのであるから，家庭裁判所が後見的立場から，合目的の見地に立って，裁量権を行使してその具体的内容を形成することが必要であり，かかる裁判こそは，本質的に非訟事件の裁判であって，公開の法廷における対審及び判決によって為すことを要しないものであるからである」，家事審判法9条1項乙類1号の「審判に関する規定は何ら憲法82条，32条に抵触するものとはいい難」い。

［裁判官横田喜三郎，同入江俊郎，同奥野健一の補足意見］
「夫婦の一方が故なく同居しない，又は同居させない場合に，他の一方から同居すべきこと又は同居させるべきことを求める争訟においては，同居義務の存否を確認し，義務ありとすればこれが履行を命ずる裁判をなすべきであって，その性質は，

純然たる訴訟事件であり，固より形成訴訟ではない。従って，かかる請求権の存否を確定するには公開の手続による対審，判決によって裁判すべきものであって，このことは人事訴訟手続法 1 条 1 項から夫婦の同居を目的とする訴が削除された現在でも，なお一般民事訴訟として訴を提起し得るものと解すべきである。従って，「夫婦でないから同居の義務がない」とか，「夫婦であるが，同居請求が権利濫用であるから，これに応ずる義務がない」とかといったような夫婦関係の存否又は同居請求が権利濫用であるか否か等について争がある場合に，その争を単なる非訟事件手続により審理し，決定で終局的に裁判することは許されないものというべきである」。

[裁判官山田作之助の意見]

「わが憲法 82 条も，全部の裁判を必ず公開裁判で行うべしとは規定していない。同条第 2 項が，(1)政治犯罪(2)出版に関する犯罪(3)国民の基本的権利が問題となっている事件については常に対審公開の裁判によるべしと定めている点に鑑みれば，その他の事件については，原則として対審公開の裁判でなされることが要請されているのではあるが，例外を絶対認めない趣旨と解すべきではない」「本件の如く家事審判法が家庭裁判所の審判事件として非公開の審判手続により審判すべきものと定めている夫婦間の同居に関する争いは，その内容たる権利義務自体の本質よりして正に裁判の対審公開の原則に親しまない例外の事例に該当するものと解するのを相当とする。けだし家族団体員相互の間の諸権利義務，就中夫婦同居請求を認容するか否かについては，夫婦間の微妙なる関係のほか，家族間の信頼関係等に影響される処多く，その内容も多岐多様にして，これを具体的に確定するにも，社会的，倫理的，経済的見地に立って，国家が後見的隠密裡に介入すべきもの多く，裁判官の裁量に基づきこれを定める必要も多々あるのであり，国民一般も亦公開対審の場でこれが争いを決することを必ずしも好んではいないのが実情であるから，斯る権利義務（所謂家団における団体的権利義務）に関する裁判を，家庭裁判所の審判事件として非公開対審でなすこととすることは，この権利の本質からする当然の帰結であって，毫も憲法 82 条に違反するものというを得ない。そして，如何なる権利義務関係が，憲法 82 条の対審公開の裁判に親しまないものであるかは，具体的法律関係につき，まず，立法問題として処遇さるべく，しかも，その立法につき，その権利の本質が争われたときは最高裁判所の最終判決によって解決さるべきものと解すべきである」。

[裁判官田中二郎の意見]

「夫婦の同居義務に関する民法の規定の改正並びに家事審判制度創設の経緯及びその趣旨に鑑み，夫婦関係の存続を前提とする家事審判法による夫婦の同居に関する審判そのものについては——離婚又は婚姻無効を理由とする同居義務の不存在を主張する場合を別として——公開の法廷における対審及び判決を求める途は閉ざされているものと解すべきであって，このような制度の建前をとったからといって，そのこと自体が決して憲法 82 条及び 32 条に違反するものではない」。

[裁判官松田二郎の意見]

「夫婦同居に関する事項は，本質上，非訟事件に属するものであり，従って非訟手続たる家事審判法の審判によることは，理論上当然のことなのである。換言すれば，本質上，非訟事件たるものを非訟手続のみによらしめても，何等違憲の問題を生ずる余地すらない」

[裁判官岩田誠の意見]

「夫婦関係の存続を前提とする限り，夫婦の同居義務存否を確定する訴訟を裁判所に提起すること

第4章 公開の対象となる裁判の要件

は許されず，夫婦の同居に関する処分は専ら家庭裁判所の審判によるべきであり，又かく解したからといって，家庭裁判所の右審判が憲法32条，82条に違反するものではない」。

【28-3】 最決昭40・6・30 民集19・4・1114

事実　家事審判法9条1項乙類3号の婚姻費用の分担に関する処分の審判。

判旨　抗告棄却。
「憲法は基本的人権として裁判請求権を認めると同時に法律上の実体的権利義務自体を確定する純然たる訴訟事件の裁判については公開の原則の下における対審及び判決によるべき旨を定めたものであって，これにより近代民主社会における人権の保障が全うされるのである」「しかしながら，家事審判法9条1項乙類3号に規定する婚姻費用分担に関する処分は，民法760条を承けて，婚姻から生ずる費用の分担額を具体的に形成決定し，その給付を命ずる裁判であって，家庭裁判所は夫婦の資産，収入その他一切の事情を考慮して，後見的立場から，合目的の見地に立って，裁量権を行使して，その具体的分担額を決定するもので，その性質は非訟事件の裁判であり，純然たる訴訟事件ではない。従って，公開の法廷における対審及び判決によってなされる必要はなく，右家事審判法の規定に従ってした本件審判は何ら右憲法の規定に反するものではない」。

なお，本判決には，【27-3】と同趣旨の上記各裁判官の補足意見等がある。

【29-3】 最決昭41・3・2 民集20・3・360

事実　家事審判法9条1項乙類10号の遺産分割に関する処分の審判。

判旨　抗告棄却。
「家事審判法9条1項乙類10号に規定する遺産の分割に関する処分の審判は，民法907条2，3項を承けて，各共同相続人の請求により，家庭裁判所が民法906条に則り，遺産に属する物または権利の種類および性質，各相続人の職業その他一切の事情を考慮して，当事者の意思に拘束されることなく，後見的立場から合目的的に裁量権を行使して具体的に分割を形成決定し，その結果必要な金銭の支払い，物の引渡，登記義務の履行その他の給付を付随的に命じ，あるいは，一定期間遺産の全部または一部の分割を禁止する等の処分をなす裁判であって，その性質は本質的に非訟事件であるから，公開法廷における対審および判決によってする必要なく，したがって，右審判は憲法32条，82条に違反するものではない」「右遺産分割の請求，したがって，これに関する審判は，相続権，相続財産等の存在を前提としてなされるものであり，それらはいずれも実体法上の権利関係であるから，その存否を終局的に確定するには，訴訟事項として対審公開の判決手続によらなければならない。しかし，それであるからといって，家庭裁判所は，かかる前提たる法律関係につき当事者間に争があるときは，常に民事訴訟による判決の確定をまってはじめて遺産分割の審判をなすべきものであるというのではなく，審判手続において右前提事項の存否を審理判断したうえで分割の処分を行うことは少しも差支えないと

第1節　訴訟手続に関する裁判であること

いうべきである。けだし、審判手続においてした右前提事項に関する判断には既判力が生じないから、これを争う当事者は、別に民事訴訟を提起して右前提たる権利関係の確定を求めることをなんら妨げられるものではなく、そして、その結果、判決によって右前提たる権利の存在が否定されれば、分割の審判もその限度において効力を失うに至るものと解されるからである」「前提事項の存否を審判手続によって決定しても、そのことは民事訴訟による通常の裁判を受ける途を閉すことを意味しないから、憲法32条、82条に違反するものではない」。

［裁判官山田作之助の意見］

遺産分割に関する処分の審判が憲法32条、82条に違反しない理由は「右審判の本質が非訟事件であるからというのではなく、遺産分割の性質が家族団体の内部における構成員間の権利義務に関する争であるところに求められるべきものと考える」、遺産分割の審判の前提事項である相続権ないし相続財産等の存否に関して審判中で決定がなされた場合、「かかる前提事項が家族団体内部の構成員であることにもとづく争である限りは、更に通常訴訟を以て争い得るということには到底賛同し難い」。

【30-3】　最決昭42・7・5刑集21・6・764

事実　皇室危険罪（旧刑法73条）により有罪の言い渡された事件に対する再審事件。

判旨　抗告棄却。
「憲法82条は、刑事訴訟についていうと、刑罰権の存否ならびに範囲を定める手続について、公開の法廷における対審および判決によるべき旨を定めたものであって、再審を開始するか否かを定める手続はこれに含まれない」。

【31-3】　最決昭45・5・19民集24・5・377

事実　借地法8条の2第条1項による借地条件変更の裁判。

判旨　抗告棄却。
「借地法8条の2第条1項による借地条件変更の裁判は、借地権の存在することを前提とするものであり、借地権の存否は、訴訟事項として、対審公開の判決手続によってのみ、終局的に確定される。しかし、右規定による非訟事件の裁判をする裁判所は、かかる前提たる法律関係につき当事者間に争いがあるときは、常にこれについて民事訴訟による判決の確定をまたなければ借地条件変更の申立を認容する裁判をすることができないというべきものではなく、その手続において借地権の存否を判断したうえで右裁判をすることは許されるものであり、かつ、このように右前提事項の存否を非訟事件手続によって定めても、憲法32条、82条に違反するものではないと解するのが相当」「借地非訟事件手続においてした右前提事項に関する判断には既判力が生じないから、これを争う当事者は、別に民事訴訟を提起して借地権の存否の確定を求めることを妨げられるものではなく、そして、その結果、判決において借地権の存在が否定されれば、借地条件変更の裁判もその限度において効力を失うものと解されるのであって、前提事項の存否を非訟事件手続において決定するこ

第4章　公開の対象となる裁判の要件

とは，民事訴訟による通常の裁判を受ける途を閉すことを意味するものではない」。

【32-3】　最決昭 45・6・24 民集 24・6・610

事実　破産裁判所がする破産宣告決定およびその抗告裁判所がする抗告棄却決定。

判旨　抗告棄却。
「憲法82条は，「裁判の対審及び判決は，公開法廷でこれを行ふ。」と規定しているが，この規定にいう裁判とは，現行法が裁判所の権限に属せしめている一切の事件につき裁判所が裁判という形式をもってするすべての判断作用ないし法律行為を意味するものではなく，そのうち固有の司法権の作用に属するもの，すなわち，裁判所が当事者の意思いかんにかかわらず終局的に事実を確定し当事者の主張する実体的権利義務の存否を確定することを目的とする純然たる訴訟事件についての裁判のみを指すものと解すべき」「破産手続は，狭義の民事訴訟手続のように，裁判所が相対立する特定の債権者と債務者との間において当事者の主張する実体的権利義務の存否を確定することを目的とする手続ではなく，特定の債務者が経済的に破綻したためその全弁済能力をもってしても総債権者に対する債務を完済することができなくなった場合に，その債務者の有する全財産を強制的に管理，換価して総債権者に公平な配分をすることを目的とする手続であるところ，破産裁判所がする破産宣告決定は右に述べたような目的を有する一連の破産手続の開始を宣告する裁判であるにとどまり，また，その抗告裁判所がする抗告棄却決定は右のような破産宣告決定に対する不服の申立を排斥する裁判であるにすぎないのであって，それらは，いずれも，裁判所が当事者の意思いかんにかかわらず終局的に事実を確定し当事者の主張する実体的権利義務の存否を確定することを目的とする純然たる訴訟事件についての裁判とはいえない」。

【33-3】　最決平 10・12・1 民集 52・9・1761

事実　裁判官に対する分限（懲戒）事件。

判旨　抗告棄却。
「憲法82条1項は，裁判の対審及び判決は公開の法廷で行われなければならない旨を規定しているが，右規定にいう「裁判」とは，現行法が裁判所の権限に属するものとしている事件について裁判所が裁判という形式をもってする判断作用ないし法律行為のすべてを指すのではなく，そのうちの固有の意味における司法権の作用に属するもの，すなわち，裁判所が当事者の意思いかんにかかわらず終局的に事実を確定し当事者の主張する実体的権利義務の存否を確定することを目的とする純然たる訴訟事件についての裁判のみを指すものと解すべきである」「裁判官に対する懲戒は，裁判所が裁判という形式をもってすることとされているが，一般の公務員に対する懲戒と同様，その実質においては裁判官に対する行政処分の性質を有するものである。したがって，裁判官に懲戒を課する作用は，固有の意味における司法権の作用ではなく，懲戒の裁判は，純然たる訴訟事件に

ついての裁判には当たらないことが明らかである」「分限事件は，訴訟とは全く構造を異に」し「憲法82条1項の適用はない」。

② 法律効果の確定・宣言することがあっても，その判断が終局的ではなく，別に訴訟手続において法律効果の存否・範囲を争える途があるから，裁判の公開を要しないとしたもの

【34-3】 最決昭23・7・29刑集29・7・1115
（旧刑訴法上の略式命令）

事実　区裁判所の管轄に属する事件につき，検察官の請求に基づき，区裁判所が略式命令で裁判することが相当と判断する場合には，被告人の意思を問うことなく，被告人に略式手続で略式命令を発し，被告人はそれについて正式裁判を請求することできるとする略式命令手続（旧刑訴法523条以下）。なお，現行刑訴法の略式命令には，被告人に対し略式手続によることに異議のないことを確かめる手続がある（461条以下）。

判旨　抗告棄却。
「略式命令の請求は，区裁判所（簡易裁判所）の管轄に属する事件について公判前略式命令をもって罰金又は科料を科することを裁判所に求める公訴の提起に附帯する請求である」「被告人が略式命令を受けたときは謄本の送達があった日から7日内に正式裁判の請求をして通常の規定に従い審判を求めることができ，この場合においては裁判所は略式命令に拘束されるものではなく，又正式裁判の請求により判決したときは略式命令は

その効力を失うものである」「略式命令手続は罰金又は科料のごとき財産刑に限りこれを科する公判前の簡易訴訟手続であって，生命又は自由に対する刑罰を科する場合の手続ではない」「通常の手続における罰金以下の刑に該る事件については被告人は特に裁判所の出頭命令がない限り自ら公判に出頭することを要するものではないから，右のごとき財産刑を科する公判前の手続についても被告人をして公判に出頭する労力，費用を省き且つ世間に対する被告人のおもわくをも考慮して特別手続を定めても，通常の公判手続に比し訴訟法上必ずしも被告人の利益を害する不当のものと云うことはできない」「略式命令の請求は前述のごとく裁判所を拘束するものではなく，又その命令は被告人の迅速な公開裁判を求める権利を何等阻止するものでもないから，毫も憲法に違反するものではない」。

【35-3】 最決昭35・7・6民集14・9・1657

事実　家屋明渡請求事件，占有回収請求事件の係属中，裁判所が職権で戦時民事特別法により，調停で処理する旨を決定し，不調となるや，同法18条，金銭債務臨時調停法7条1項，8条により，調停に代わる決定をしたというもの。

判旨　破棄取消差戻。
「当事者の意思いかんに拘わらず終局的に，事実を確定し当事者の主張する権利義務の存否を確定するような裁判が，憲法所定の例外の場合を除き，公開の法廷における対審及び判決によってなされないとするならば，それは，憲法82条に違

第4章　公開の対象となる裁判の要件

反すると共に，同32条が基本的人権として裁判請求権を認めた趣旨をも没却する」。

［裁判官藤田八郎，同入江俊郎，同高木常七の反対意見］

【26-3】事件に「附した裁判官藤田八郎，同入江俊郎の少数意見と趣旨を同じうする」。

［裁判官下飯坂潤夫の補足意見］

「近代の法治国家においては何人も裁判所法3条1項にいう「法律上の争訟」について国家に対し裁判を求める権利を有する，民事について言えば講学上いわゆる権利保護請求権，あるいは訴権と称せられるものが，これである。そして，ここに裁判とは係争当事者間に具体的事実に即して争われている法律効果の存否についての争を公権的に解決する国家の作用を言い，このような作用をなす国家の機関が裁判所であり，裁判所のみがかかる権能を有する。固有の司法裁判権と称せられるものが正にこれである（憲法76条1項，2項参照）」「憲法32条は，何人も裁判所において裁判を受ける権利は奪はれないと明定する。その意味するものは広汎であるが，その大事な点は同条が憲法76条1項，2項と表裏一体を成し，裁判所は前示固有の権能を有すると同時に，固有の意味における裁判をなす職務を有し，従って，何人も裁判所に出訴して，固有の意味における裁判を受ける権利を侵害されないということである。（このことは刑事訴訟事件において特に切実である。）同条が基本的人権保障の条章とされる所以も実にここにある。従って，民事訴訟が係属する限り裁判所は固有の意味における裁判をしなくてはならず，それ以外の裁判をしてはならないのである。（されば，本件のような民事訴訟事件について非訟事件手続法による裁判はできないわけである。）そして，この基本的人権の保障との関連において，裁判の公正を担保すべく発達したのが，公開主義，直接主義，口頭主義，自由心証主義等の民事訴訟手続を支配する諸原則であり，憲法はこれら原則に呼応して，第82条において，裁判所が口頭弁論を経てなす固有の意味の裁判の形式は判決でなければならないものとし，その判決手続は原則として対審でなければならず，また，判決言渡は必ず公開法廷でしなければならないものと規定しているのである。なお，附言するが，固有の司法裁判権の対象となるのは，前示にいわゆる「法律上の争訟」である。ここに法律上の争訟とは法の適用上権利義務又は法律関係が相反する関係において対立していることを意味する。従って，実体法上の権利義務が定められておらず，裁判によって，あらたに権利又は法律関係が形成される場合は法律上の争訟に属せず，いわゆる非訟事件である。そしてこの場合に裁判所のなす裁判は固有の意味の裁判ではないのであってこの裁判に関しては公開主義，直接主義，口頭主義は行われない」。

［裁判官奥野健一の補足意見］

「金銭債務臨時調停法7条は，調停不成立の場合に，裁判所は調停に代わる裁判，いわゆる強制調停の裁判をなし得ることを規定している。しかし，この規定は，基本たる債務関係の存在については当事者間に争がない場合において，その債務の条件である利息，期限等について裁判所が変更を命ずる裁判をなし得ることを定めたものであって，基本たる債務関係の存否について根本的に争がある場合とか，また，利息，期限などの債務条件以外の基本たる債務関係についてその変更を命ずることは同規定の予想しないところであり，同条によっては許されない趣旨であると解するのが相当である。けだし，このことは，同条が「債務関係ノ変更ヲ命ズル」とあることより，既に基本たる債務関係の存在することを前提とするものであることが窺われ，また，変更を命ずる裁判の対象は

第1節　訴訟手続に関する裁判であること

「利息，期限其ノ他債務関係」であって，利息，期限に準ずる債務条件についてなすものであることを推知することができるからである」「本件においては，基本たる賃貸借関係の存否について当事者間に争があるにかかわらず，第一，二審の決定の示すとおり，一方の当事者に対し，既になした解約申入を撤回せしめ，他方の当事者に対しては賃貸借契約が解除せられたことに合意せしめて家屋の明渡を命ずるほか損害賠償請求権，共同使用による費用負担関係，賃料供託の適法なることの承認など各種の条項を定めておるのであって，かかる裁判は金銭債務臨時調停法7条の裁判によっては許されないものというべく，かかる基本的な賃貸借関係の存否について判断せんとするならば，よろしく，強制調停によることなく，訴訟を進行せしめ憲法82条により公開法廷において審理，判決を行うべきものである」。

［裁判官小谷勝重の補足意見］

「多数意見は，戦時民事特別法に準用する金銭債務臨時調停法7条のいわゆる調停裁判は，利息または期限等を形成的に変更することに関するもの，即ち性質上非訟事件に関するものに限られると，判示するけれども，金調法7条1項は「調停ニ代ヘ利息，期限其ノ他債務関係ノ変更ヲ命ズルコトヲ得」と規定するところであって，同条の決定裁判の目的を利息または期限等に限定しておるものとは到底解せられず，広く当該債務関係全般についての変更裁判を規定しているものと解する。ただその変更は同条の規定する如く「衡平ニ考慮シ……其ノ他一切ノ事情ヲ斟酌シ」て為さるべきものである。次に多数意見は利息または期限等の変更裁判はその本質非訟事件であるが如く判示するのであるが，この点わたくしには到底首肯し難い。なるほど利息は元本に従属的なものではあるけれども，一旦利息債権として発生すると，元本債権とは独立した権利関係に立つものであり，これが訴求は一般の民事訴訟の目的となるものであって，非訟事件手続による審判の目的となるものでないことは多言を要しないからである。このことは利息債権だけを訴求する案件の場合を考えれば明らかである。また期限に関しても同様である。すなわち期限について当事者間に争いがあり，その確定を求める訴の場合を考えれば同様に理解できる。これを要するにわたくしは，金調法7条の調停裁判の目的物は，債務関係のすべてについてであると解釈するを正当と考える。さればこそ，同条は同法10条，民訴203条の規定との関係において憲法32条，82条に違反する無効の規定とわたくしは断ずるのである」。

［裁判官池田克の意見］

【26-3】において「基本的な意見を述べておいたところであり，今日もなお，同一の意見を持続しているので，本件についても，もとより多数意見と結論を同じくする。ただ，多数意見と理由を異にするのは，金銭債務臨時調停法7条は多数意見のように制限的な趣旨には解されないこと，従って，同法条を借地借家調停法による調停に準用するものとした戦時民事特別法19条を違憲と解する点である」。

［裁判官河村大助の意見］

「憲法32条は国民の基本的人権の擁護について平等かつ完全な手段を保障しているものであって，裁判所によって裁判されるなら非訟事件手続その他如何なる手続によるも問わないというような内容のない保障と解すべきでなく，同法82条と相まって厳格なる意味における司法権の作用としてなされる裁判を念頭において規定されたものと解するを相当とする。すなわち，刑事については，起訴されると被告人として裁判を受けること，民事については具体的紛争につき自ら裁判所へ訴を

裁判の公開

第4章　公開の対象となる裁判の要件

提起する自由を有すること及びその審理と裁判は公開の法廷において行われる対審（口頭弁論）及び判決によって公権的な判断を求め得ることを意味するものであり、国民のかかる裁判を受ける権利はこれを奪うことができないものとして保障しているものと解すべきである。従って憲法の保障する公開の法廷において対審判決により公権的な判断作用をなすべきところの訴訟事件を、かかる厳格な手続によらない密行、簡易な非訟事件手続の裁判で結末をつけることは憲法の許さないところである。況んや適法に係属した訴訟事件を裁判所の職権で非訟事件手続に移し、非訟事件裁判で終結するが如きことは、当事者から不当に「裁判を受ける権利」を奪うことになり、憲法32条に違反するものと解する。しかるに本件で問題の戦時民事特別法（以下特別法と略称する）は借地借家の紛争につき係属中の民事訴訟事件を裁判所の職権で調停に付し（特別法16条、19条1項）これに特別法19条2項により準用する金銭債務臨時調停法（以下金調法と略称する）7条1項を適用して調停に代る裁判を行うものであるから、その裁判が既判力を有すると否とに拘らず右は民事訴訟事件として当事者の裁判を受ける権利を奪う結果となり、さきに述べた理由により憲法32条に違反するものといわなければならない」「当事者が公開の法廷において、対審判決を求める権利を行使しているのに、裁判所が職権で調停に付し、（調停に付すること自体は違法ではない）更にこれを非訟事件裁判でその紛争を解決すること自体が、当事者の「裁判を受ける権利」の剥奪である」「金銭債務臨時調停法7条1項を借地借家調停法の調停に準用する戦時民事特別法19条2項の規定は憲法32条、同82条に違反し従って右法条に基いて為された裁判も違憲無効である」

〔裁判官島保、同石坂修一の反対意見〕

「憲法は、法律上の争訟につき、何人も司法裁判所の裁判によりその解決を受け得べき権利を有すること、しかもその裁判の対審及び判決は公開の法廷で行わるべきことを保障しており、また借地借家の調停に準用せられる金銭債務臨時調停法10条は、同7条の調停に代る「裁判確定シタルトキハ其ノ裁判ハ裁判上ノ和解ト同一ノ効力ヲ有ス」と規定し、民訴203条は「和解……ヲ調書ニ記載シタルトキハ其ノ記載ハ確定判決ト同一ノ効力ヲ有ス」る旨定めている。しかし、ここに「確定判決ト同一ノ効力ヲ有ス」というのは、事件につき単に訴訟終了の効果と執行力とを生ずることを認めたに止まり、既判力まで生ずることを認めたものではないと解すべきである」「のみならず、すでに当事者間に訴訟物たる権利関係について和解が締結されその争がやめられ、民法696条所定のいわゆる形成力を生ずべき事態に立ち到った以上、その限度においてはもはや法律上の争訟は存在せず、従って裁判による争訟解決の必要もなく、むしろ訴訟は終了したものとするのが相当である。そして以後、当事者は自ら定めたところに従ってその生活関係を規律してゆけば足りるのであり、その実効を確保するためには執行力を認めることで必要にして十分であるからである。それ故、調停に代わる裁判が確定しても、ただ事件終了の効果と執行力とを生ずるだけで既判力まで生ずるものではない。元来、調停に代わる裁判は、当事者間に調停の成立しなかった場合、裁判所が諸般の事情にかんがみ相当と認められる紛争解決の方法を当事者に指示し、これを実行に移すべきことを要請するものにほかならないのである。従って裁判所によって指示せられたかかる解決方法を甘受し得ないとする当事者は、その法律上の争訟を解決するためにさらに訴を提起し、公開の対審判決を受け得る権利を有するのであって、かかる権能

第 1 節　訴訟手続に関する裁判であること

までをも終局的に排除されるものではない。されば，調停に代わる裁判が憲法 32 条，82 条に違反するとする多数意見には，われわれは賛同することができない」。

［裁判官斎藤悠輔の反対意見］

「憲法 32 条は，何人も裁判所，すなわち，憲法 78 条によって保障された同法 79 条，80 条所定の裁判官によって構成される同法 76 条 1 項の裁判所でない機関によって，裁判されることのないことを保障した規定であって，法律専門家のいわゆる争訟を常にいわゆる訴訟手続をもって処理すべくいわゆる非訟手続をもって処理してはならないか，もしくは，その裁判を公開による判決をもってするか非公開の決定または命令をもってしてもよいか等の裁判手続上の制限を規定したものではない。現に憲法 76 条でさえその 2 項において同法 32 条の本来の裁判所でない行政機関による裁判を行う場合のあることをも認めているのである。されば，ある争訟を民事調停に付し，これを一定の条件の下に前示のごとき身分保障のある裁判官によって構成される裁判所の決定をもって裁判し，しかもこれをもって終審とせず，さらにこれに対し抗告または特別抗告を許すがごとき制度を設けるか否かは，純然たる立法問題であって，かかる制度を設けることは，現時の社会状勢，訴訟の遅延等の現状に鑑み，毫も憲法 32 条に反しないのはもちろん，むしろ，憲法 76 条 2 項の精神にも適合し，奨励すべきことと考える」。

［裁判官垂永克己の反対意見］

「金銭債務臨時調停法にいう「調停に代わる裁判」が確定しても既判力は生じないので，これに承服できないとする当事者はその事件についてさらに訴を起こし公開の対審および判決を受ける権利を有するから，かような調停に代わる裁判，従って本件の調停に代わる決定は憲法の右両条に違反するとはいえない」「固有の意味で裁判とは権利に関する争議について法の定める手続に従い法を適用して判定することをいう。すなわち，法上の権利の存否およびその範囲について争議があるときこれに対して法の定める手続に従いつつ法に照らして権利の存否，範囲を確定することであって，刑事では，ある特定の人（被告人）に対して国が刑罰請求権を有するかどうか，有するとすればその範囲如何を確定することである。近代憲法の下では，刑事でも，請求に基いてのみ，当事者訴訟の形をとってこの確定が行われるのを一般とする。また固有の意味の裁判とは権利争議の目的物となっている具体的事実（事件）に法を適用して判定を下すこと（司法）であるといってもよい」「固有の意味の裁判がなされる前に，裁判所又は裁判官によって不合理でない前手続が行われることを法律ないし裁判所規則で定めることを憲法は否定しない。また，固有の意味の裁判も最高裁判所を終審として数個の審級で行われることを憲法は認め，各審級での裁判所の権限，裁判手続も法律ないし裁判所規則の定めるところに任せている。裁判の執行の段階に裁判所又は裁判官が判断や措置をすることも同様であると解される。そこで，裁判官は前手続で忌避の裁判，口頭弁論準備や訴訟指揮の上の種々の裁判をしなければ固有の意味の裁判手続は進められない。これら種々の裁判を一々対審公開手続でしなければならない合理的理由はない。又，支払命令，略式命令を非対審非公開でしても，これに不服な当事者のために対審公開の判決手続の途が確保されており，これら命令に異存のない当事者だけを拘束するようになっている限りこれらの命令は違憲ではない」「始審と終審の間に控訴審を設けるか否か，また各審級の裁判所の権限を如何にするかは立法に任された部分が広いので，上訴審では事実点又は法律点につい

て一定の重要な事項に関してのみ判決し，左様でない事項については，すでに下級審で事実および法律の点につき公開対審の手続で判決している以上，もはや審判を公開しないで上訴を棄却する，という立法をしても違憲ではない。わが最高裁判所は弁論を開かないで判決を言い渡す場合が少くないが，不適法なもしくは明らかに失当な理由による上訴を棄却するのに必ずしも公開の対審判決を要しないとする立法もおおむね違憲ではあるまい」「「調停に代わる裁判」に抗告という上訴を許しても，抗告審で公開対審をしないで決定し，この決定に既判力を認めるなら憲法32条のいう「裁判を受ける権利」は奪われたものというしかない」。

(3) **訴訟事件と非訟事件の区別・限界は，必ずしも明確でないし，裁判の中には訴訟事件を含めて公開の手続によらずに終局的解決をはかっても合理的理由があれば憲法上許容されるものがあるとするもの**

【36-3】 最決昭41・12・27民集20・10・2279

事実　非訟事件手続法による過料の裁判。

判旨　抗告棄却。
「過料を科する作用は，もともと純然たる訴訟事件としての性質の認められる刑事制裁を科する作用とは異なるのであるから，憲法82条，32条の定めるところにより，公開の法廷における対審及び判決によって行なわれなければならないものではない」，秩序罰としての過料を科する手続と，過料の決定に対する不服申立の手続とを一連の非訟事件とし，「過料を科せられた者の不服申立の手続について，これを同法の定める即時抗告の手続によらしめることにしているのは，これまた，きわめて当然であり，殊に，非訟事件の裁判については，非訟事件手続法の定めるところにより，公正な不服申立の手続が保障されていることにかんがみ，公開・対審の原則を認めなかったからといって，憲法82条，32条に違反するものとすべき理由はない」。

[裁判官田中二郎，同岩田誠補足意見]
　多数意見の「結論には，賛意を表するものであるが，その理由づけは，必ずしも十分な説得力を有するものとはいえない——右の理由は，非訟事件手続法の定める不服申立の手続が憲法31条に違反しないことの理由にはなっても，論旨で問題にする憲法82条，32条に違反しないことの理由としては十分ではないと考えられる——」「秩序罰としての過料は，一種の財産的な制裁であって，その性質上，刑罰にちかいものであるという考え方を徹底すると，過料を科する手続そのものについても，公開・対審の原則を認めなければ，憲法82条，32条に違反するとの考え方の出てくる余地がないとはいえないであろう。しかし，本件のような過料を科する作用は，国家のいわゆる後見的民事監督の作用であり，司法機関たる裁判所がこれを科する場合でも，その実質においては，一種の行政処分としての性質を有するものであること，従って，これを科する手続について，公開・対審の原則が適用されないことは，恐らく異論のないところといってよいであろう。それは，過料を科する作用が刑罰を科する作用とは異なり，非訟事件性を有すると考えられるからにほかならない」

第1節　訴訟手続に関する裁判であること

「過料の決定そのものは行政処分であり、これを科する手続は非訟事件手続であるとして、これに対する不服申立は、一転して、純然たる訴訟事件の性質を有するに至るものとみるべきかどうかにある。たしかに、地方自治法の定める過料について、これを科する作用は、行政処分であっても、これを科された者は、これを訴訟事件として、これに対する取消訴訟を提起することが許されている現行法の建前との対比からいえば、非訟事件手続法の定める手続によって過料を科された者についても、これに対する不服は、訴訟事件に類する性質を有するものとして、通常の訴訟手続によらしめることは、立法上、不可能とはいいがたく、また、必ずしも不合理とは言えないであろう。しかし、元来、過料という制度は、刑罰とは異なり、従って、これを科する手続について、非訟事件手続によらしめるべき十分の合理性を有するものと考えられるとともに、過料の決定に対する不服申立は、非訟事件手続によってなされた決定の是正を求めるものであるから、純然たる訴訟事件とは異なるものと解すべきで、右の不服申立の手続を過料を科する手続と一体的に非訟事件手続法の定める一連の手続によらしめるだけの十分の合理的根拠があるように思われる。それは、裁判所において、過料を科する手続と、これに対する不服申立の手続とは相互に関連する一連の手続と見るべきであって、過料を科する手続が非訟事件としてその手続になじむものである以上、これに対する不服申立が、突如として、純然たる訴訟事件に転化すると考えるべきものではなく、それ自体を切り離して考えると、その実質において、訴訟事件に類するものとみる余地があるとしても、これが直ちに純然たる訴訟事件に該当し、公開・対審の原則が適用されなければならないと解すべき理由は見出しがたい。過料を科された者の不服申立についてどういう手続によらしめるべきかは、むしろ、立法政策的に考慮されるべき問題であって、非訟事件手続法が公開・対審の原則を採用していないからといって、直ちに司法を違憲無効と断定することは妥当ではない」。

「憲法が裁判における公開・対審の原則を保障している理由を考えてみるに、この原則は、もともと、互いに対立・抗争する当事者間における訴訟事件について、フェア・プレーの精神に基づいて、公開の法廷において、十分に主張すべきことを主張させ、裁判所が公正中立の立場に立ち、これらの主張を聞いて、公正な裁判をすることができるようにし、もって、個人の権利・自由の保障を全うしようとするものである。この原則は、秘密・暗黒裁判のもたらした弊害にかんがみ、これに対する厳正な批判の結果生み出された、いわば歴史の産物であって、ここに近代裁判の一つの理想が表現されているともいうことができる。そして、この原則は、現在においても、決してその意味を失っているといえないこともたしかである。しかし、秘密・暗黒裁判が恐怖の的とされた時代における裁判と現代における裁判との間には、裁判の対象や裁判のもつ意義も著しく変り、裁判所が積極的に個人の生活関係に介入すべき範囲およびその態様もかなり変ってきている。実体法規のあり方も必ずしも旧のままではなく、手続法規も次第に整備されて、今日に至っている。このような事情のもとに、裁判の公開・対審の原則が常にあらゆる裁判に妥当し、何らの例外を許さない絶対の原則であるとまではいえない」「要は、そうした例外を認めることが、公開・対審の原則を保障した憲法の趣旨に反しないだけの合理的根拠があるかどうか、また、それに代る裁判の公正を保障するための手続的保障が与えられているかどうかにかかっているとみるべきであろう。」

第4章　公開の対象となる裁判の要件

「過料を科する作用はもちろん，これに対する不服申立も純然たる訴訟事件とはいいがたいのみならず，他方，非訟事件手続法の定めは，裁判の公正を保障するための合理的な手続を整えているのであって，このような事情のもとに，同法が過料を科する作用とこれに対する不服申立を一体的に規律し，そのいずれについても公開・対審の原則を採用しなかったからといって，直ちにこれを違憲無効と断定することはできないと思う」「訴訟事件と非訟事件との区別および限界は必ずしも明瞭ではなく，非訟事件として法律上処理すべきものとしている事件の中にも，訴訟事件性の強い事項があり，これらの事項については，事件の種類・性質により，立法的に公開・対審の原則を導入する等の方法を講ずることによって，将来，無用の論議を避けることにすることが望ましい」。

[裁判官入江俊郎の反対足意見]

「過料を科せられた者が，これを違法として，その決定に対し不服を申し立てる場合には，そのような争訟は，結局において法律上の争訟であり，最終的には純然たる訴訟事件として処理すべきものである」「憲法32条，82条は当然右不服申立の手続に適用せらるべきであり，これが終始非訟事件として，その救済方法について，非訟事件手続法による即時抗告（その決定に対しては特別抗告）の方法のみしか認めず，これにより，最終的に不可抗争の状態となるものとされている点において，右非訟事件手続法の規定は，憲法の前記法条に違反するものといわざるを得ない。そのような違憲の点を包蔵する現行非訟事件手続法の過料に関する規定は，結局，過料を科する手続に関する規定をも含めて，すべて違憲たるを免れ」ない。「過料を科せられた者が，これを違法として抗争する場合には，それは法律上の争訟であって，現行憲法の下においては最終的にはこれを純然たる訴訟事件として取り扱うべきであり，これには憲法32条，82条が当然に適用せらるべき」「原決定は『憲法82条にいう裁判とは民事および刑事の訴訟手続をいうのであって，本来の意味の民事および刑事の訴訟手続以外の手続である非訟事件手続はこれに包含せられないと解すべきである。』というが，この説示は，一方において現行憲法上の司法権には行政事に関する裁判を包含することおよび裁判請求権が憲法上重要な基本的人権の一であり，これに対応して裁判公開の原則が認められていることに対する理解において欠けるところあり，他方において過料制度が現行非訟事件手続法上全体として一連の非訟事件とせられていることに対し，実質上の検討を欠き，頗る形式的，概念的な解釈論をしているといわざるを得ない」。

「本件においては，過料を科する手続きと，過料の決定に対する不服申立の手続とは，終始不可分の一体をなす一連の非訟事件と解すべきではなく，別個に観念すべきものであり，そして前者および後者中再度の考案ないし再審査を求める趣旨の不服の申立の段階までは一種の行政作用であって純然たる訴訟事件ではないから，これについては憲法32条，82条の問題は生ぜず，またこれにつき定めた非訟事件手続法の規定も，その内容に照らし，未だ憲法31条違反というべき点はない」「前者と後者とを終始不可分の一体をなすものと考えず，別個に観念するとすれば，後者の中純然たる訴訟事件の性質を有すると認むべき部分については，憲法32条，82条は当然これに適用があるというべきであって，この点においてわたくしは根本的に多数意見と見解を異にする。蓋し，過料は一般統治権に服する者に対する財産上の制裁であり，過料を科すべき要件とその程度は，それぞれの法律（過料に関する実体法）に定められているが，これを科せられた者がその実体規定の解釈適

第1節　訴訟手続に関する裁判であること

用には明らかに法律上の争訟となり、純然たる訴訟事件となると解すべきだからである」「明治憲法と現行憲法との間に司法権の範囲に関し重要な差異の存することである。即ち、明治憲法では、行政上の争訟は、憲法上の司法権の対象ではなく、また過料の制度は性質上秩序罰として行政に属するものであるとされたから、明治憲法下においては、過料を科せられたことに対する不服を法律上の争訟として憲法の司法権に関する規定との関係上特に論ずるまでの必要はなく、非訟事件手続法にこれを規定し、これを全体として非訟事件として取扱って何ら支障がなかったのである。また、過料の制度が正確な意味における非訟事件の性質を有するものか否かを特に究明する必要もなかったのである。明治憲法下においては、非訟事件手続法は、過料の制度を、単に、純然たる民事訴訟事件ではないとして取り上げたまでのことであって、当初から過料を同法の附則の中に規定していたことも、そのような理由からではなかったろうか。しかるに、現行憲法では、司法権の範囲が、民事、刑事のみに止まらずひろく行政事に及ぶこととなり、これらの事件に関する法律上の争訟はすべて実質上司法権の対象とされることになったのであるから、単に立法によって非訟事件として規定されているが故に非訟事件であるというような形式論は到底是認し得ず、もし本件のような、純然たる訴訟事件を立法によって非訟事件として最終的にすべてを処理してしまうならば、そのような立法は明らかに憲法32条、82条違反である」。

「過料の決定に対する不服申立が、たとえ純然たる訴訟事件の性質を有するとしても、元来憲法82条の裁判公開の原則は、訴訟事件の裁判の公正を保障するための規定であるから、裁判の公正が他の方法で確保されている場合（例えば、現行非訟事件手続法の即時抗告のように、本来公正、中立の立場にある裁判所が、合理的な法律の規定によって厳正、公平にその手続を行なうような場合）にまで、絶対に例外を許さない趣旨ではなく、そのような場合には法律によって例外を定め得るとの考え方をする者があるとすれば、わたくしは到底これに賛成し得ない。即ち、裁判所のする裁判であるから、その公正、公平に信頼が置けるから、憲法31条の適法手続の要請に適合する限り憲法82条の裁判公開の原則は必ずしも必要なく、同条は結局実定法で対審を必要とされているような裁判についての公開を、いわば大きく定めたものであるという、このような考え方は、憲法82条が同32条と照応するものとして、人権保障の上から重要な規定であり、法律上の争訟即ち性質上純然たる訴訟事件である限り、その最終的確定までの手続の段階においては、必ず対審の公開を必要とするものである点を看過したものであり、性質上純然たる訴訟事件と認むべき事案につき、万一にも法律がその裁判に公開による対審構造を採用せず、終局的にこれを確定して、不可抗争の状態に置くとすれば、そのような法律自体が憲法82条に反する」。

「憲法82条は、裁判の対審、判決公開の原則を規定し、同32条により保障された裁判請求権の客体たる法律上の争訟につき、その判定が最終的に確定されるまでには、右82条1項により、同2項の例外の場合を除き、当事者がその権利を適法に放棄しない限り（裁判公開の原則は、当事者の人権の保障と裁判に対する国民の信頼確保の見地よりする、裁判に関する憲法上の基本的重要事項であるから、当事者といえども、その権利の放棄は単なる私権の放棄のように当事者の勝手になし得るものではなく、おのずからそこに一定の制約があり、その制約内の放棄であってはじめて適法な放棄と観念すべきものであろう。）、公開の法廷で

第4章　公開の対象となる裁判の要件

その対審を行なわなければならず，判決は常に必ず公開の法廷で行なうことが要請されている。この裁判公開の原則は，司法に関する諸国憲法の伝統的な重要原則であって，それは，およそ法律上の争訟は，その裁判がガラス張りの中で公明正大に行なわれることが，当事者の人権を保障する所以であり，同時に裁判の公正を保ち，裁判に対する国民の信頼をつなぐ所以であると考えられたからで，この原則は明治憲法59条にも明文が置かれていたことは周知のとおりである。そして，裁判の公開には「当事者公開」と「一般公開」とがあるが，明治憲法も現行憲法も，共にその公開は「一般公開」を意味するものであることは明らかであり，殊に現行憲法は，民事，刑事，行政事の一切の法律上の争訟を司法権の対象とするに至ったから，法律上の争訟たる純然たる訴訟事件においては，裁判公開の原則は明治憲法に比し，人権保障の上に更に一層重要性を増したのである」「本問題について，学者，実務家，立法機関等の今後における充分な研究を切に期待すると共に，多数意見のように本件が違憲ではないとしても，憲法32条，82条の精神からいって，過料の決定に対する不服申立については，当事者がこれを希望する場合には，必ず公開の法廷における対審の途を開くようにすることが極めて妥当であり，そのように速やかに法律が改正され，いやしくも違憲の疑いを有する者に対して，その疑問を断つよう措置されることが急務であると考える」。

なお，離婚や子の認知など身分関係にかかわる人事訴訟の第1審の管轄が地裁から家裁に移され（人事訴訟法4条），当事者のプライバシーに配慮して，裁判の公開原則の例外として，非公開で証拠調べができる規定が設けられた（人事訴訟法22条）。

第2節　対審および判決手続であること

　憲法が公開を要請するのは，対審および判決であり，判決内容が決定されるまでの裁判の評議は含まれない。また，民事訴訟法91条，刑事訴訟法53条は，一般人の訴訟記録の閲覧を認めるが，憲法82条1項の裁判の公開は訴訟記録の公開を含まない。したがって，訴訟記録の公開は，憲法上の問題ではなく立法政策の問題である（但し，「判決」は公開法廷で行われるから，判決書は憲法82条1項により公開されるべきであろう）。

1　対　　　審

　裁判の公開が要求される対審とは，裁判官の面前で行われる事件の審理および弁論をいい，民事訴訟（行政事件訴訟を含む）における口頭弁論期日手続（民訴法148条以下），刑事訴訟における公判期日手続（刑訴規則196条，刑訴法291条以下）をいう。
　対審に該当しないとされたものとして，次のものがある。

【37-3】 最決昭23・11・8刑集2・12・1498

事実 裁判所が第1回公判期日における取調べを準備するため，公判期日前に被告人を尋問し，または部員をして尋問させた手続（旧刑訴法323条）。

判旨 抗告棄却。
「この手続はあくまで公判の審理が完全に行われるための準備であって，公判そのものではないから，憲法にいわゆる「裁判の対審」ではない。被告人は準備手続後の公判において自己の依頼する弁護人があればその弁護人立会の下に公開法廷で審理されるのであって，これが「裁判の対審」である。されば公判の準備手続が行われたからとて，被告人は憲法第37条に定める公開裁判を受ける権利を奪われるものでもなく，又憲法第82条に違反して審判されるものでもない」。

なお，対審の公開には，例外（公開停止）がある。すなわち，「裁判所が，裁判官の全員一致で，公の秩序又は善良の風俗を害する虞があると決した場合には，対審は，公開しないで行ふことができる」（憲法82条2項本文）。但し，「政治犯罪，出版に関する犯罪又は憲法第3章で保障する国民の権利が問題となっている事件については，常に公開しなければならない」（同条項但書）。すなわち，但し書は絶対的公開の場合を規定したものである。

2 判 決

民事訴訟および刑事訴訟における判決手続をいう。換言すれば，判決は対審に基づく民事紛争・刑事事件の実体についての裁判所の判断，言渡しである。したがって，決定，命令，審判，和解，調停などは公開の対象とはならない。なお，刑訴法337条，338条は，訴訟法上判決によるとされているが，対審に基づく裁判所の判断でないから，憲法82条1項の「判決」には当たらない。判決手続の公開に例外はないといってよい。憲法82条2項により対審が公開されない場合（公開停止）にも，当該事件の判決については絶対的公開とされており，常に公開されなければならない（裁判所法70条参照）。

第5章　公開の原則に反して行われた裁判の救済・効果等

　公開せずに裁判を行った場合には，民事訴訟では絶対的上告理由（民訴法312条1項および同条2項5号）となり，刑事訴訟では，絶対的控訴理由（刑訴法377条3号），上告理由（同405条1号）となる。憲法37条1項，同82条1項および2項の規定を具体化したものである。公開停止ができないのに公開停止をして裁判を行った場合，公開停止が可能であるが，憲法82条2項所定の手続及び要件を具備しないで公開を停止して裁判を行った場合等である。

　裁判所法70条は，「憲法82条2項の規定により対審を公開しないで行うには，公衆を退廷させる前に，その旨を理由とともに言い渡さなければならない。判決を言い渡すときは，再び公衆を入廷させなければならない」とする。公開停止の理由も公開停止の言渡しも，公開の法廷において行うことが要求されている。

　なお，公開すべき場合でないのに違法に公開したときは，これらの理由に該当しない。

判 例 索 引

注記:【 】は判例整理の際に付した通し番号，太字は本書での
判例掲載頁（本文と判旨掲載部分）を示している。

大判昭 8・9・27 法律新聞 3626 …………【25-3】**72**
最決昭 23・7・29 刑集 29・7・1115（旧刑訴法上
　の略式命令）…………………………【34-3】**81**
最決昭 23・11・8 刑集 2・12・1498 ………【37-3】**91**
最判昭 23・12・22 刑集 2・14・1853 ………【3-3】**20**
最判昭 24・3・12 刑集 3・3・293 …………【4-3】**21**
最判昭 24・11・30 刑集 3・11・1857 ………【5-3】**21**
最判昭 25・7・7 刑集 4・7・1226 …………【6-3】**22**
最決昭 31・10・31 民集 10・10・1358 ……【26-3】**74**
最判昭 33・2・17 刑集 12・2・253…………【23-3】**67**
最判昭 33・6・26 刑集 12・10・2319 ………【7-3】**22**
最決昭 35・7・6 民集 14・9・1657 …………【35-3】**81**
最決昭 36・5・9 刑集 15・5・771 …………【21-3】**50**
最決昭 37・2・14 刑集 16・2・85 …………【22-3】**51**
東京地八王子支判昭 37・5・16 下級刑集 4・5-
　6・444（八王子職安事件）……………【9-1】**23**
東京高判昭 38・6・24 判時 338・43………【9-2】**23**
最判昭 38・12・27 判時 359・62 ……………【9-3】**24**
最決昭 40・6・30 民集 19・4・1091 ………【27-3】**76**
最決昭 40・6・30 民集 19・4・1114 ………【28-3】**78**
最決昭 41・3・2 民集 20・3・360 …………【29-3】**78**
最判昭 41・3・30 判タ 191・200 ……………【8-3】**22**
最決昭 41・12・27 民集 20・10・2279 ……【36-3】**86**
最決昭 42・7・5 刑集 21・6・764 …………【30-3】**79**
名古屋地判昭 44・9・25 判時 570・18（高田事件
　第 1 審判決）…………………………【10-1】**25**
最判昭 44・11・26 刑集 23・11・1490 …………**71, 72**
最判昭 44・12・5 刑集 23・12・1583………【2-3】**8**
最決昭 45・5・19 民集 24・5・377 …………【31-3】**79**
最決昭 45・6・24 民集 24・6・610…………【32-3】**80**
名古屋高判昭 45・7・16 判時 602・45（高田事件
　控訴審判決）…………………………【10-2】**27**
最判昭 47・12・20 刑集 26・10・631（高田事件上
　告審判決）……………………………【10-3】**28**
最判昭 48・7・20 刑集 27・7・1322（大同製鋼事
　件）……………………………………【11-3】**32**
最判昭 49・5・31 判時 745・104（近畿電工事件）
　…………………………………………【12-3】**32**
最決昭 50・8・6 刑集 29・7・393（高砂市水道損
　壊事件）………………………………【13-3】**33**
最判昭 50・8・6 判時 784・23（洲本市議収賄事
　件）……………………………………【14-3】**35**
最判昭 52・4・8 刑事裁判集 203・517（大垣共立
　銀行事件）……………………………【15-3】**35**
最決昭 53・9・4 刑集 32・6・1077（大須事件・
　統一組事件）…………………………【16-3】**36**
最判昭 53・9・4 刑集 32・6・1652（大須事件・
　分離組事件）…………………………【17-3】**37**
熊本地判昭 54・3・22 刑裁月報 11・3・168（熊本
　水俣病事件）……………………………【1-1】**6**
最決昭 55・2・7 刑集 34・2・15（峰山事件）
　…………………………………………【18-3】**38**
最決昭 55・7・4 判時 977・41（羽田空港ビル内
　デモ事件）……………………………【19-3】**40**
福岡高判昭 57・9・6 高刑集 35・2・85………【1-2】**6**
最判昭 58・5・27 刑集 37・4・474（川崎飲食店主
　殺害事件）……………………………【20-3】**41**
最判昭 58・6・22 民集 37・5・793………………**71**
東京地判昭 62・2・12 判タ 627・225（メモ採取
　不許可事件第一審判決）……………【24-1】**68**
東京高判昭 62・12・25 判タ 653・234（メモ採取
　不許可事件控訴審判決）……………【24-2】**68**
最決昭 63・2・29 刑集 42・2・314 …………【1-3】**7**
最判平元・3・8 民集 43・2・92（メモ採取不許可
　事件上告審判決）………………**61,**【24-3】**69**
最決平 10・12・1 民集 52・9・1761 ………【33-3】**80**

迅速な裁判／裁判の公開　95

刊行にあたって

　判例総合解説シリーズは，「実務に役立つ理論の創造」を狙いとして各法律分野にわたり判例の総合的解説をするものですが，このたび刑事訴訟法についても刊行を開始する運びとなりました。

　現在，刑事訴訟法の分野でも膨大な裁判例が集積され，それらの裁判例に接することは，判例データベースの普及により容易になっています。しかしながら，多くの裁判例の中から適切な判例を検索・抽出し，判例の射程を見極めたり，判例理論を見出したりすることは，必ずしも容易ではありません。さらに，判例に対する理解を深め，その位置づけを知るためには，学説の動向にも留意する必要があります。こうした観点から，本シリーズは，刑事訴訟法の主要なテーマごとに，判例を整理し，判例の推移や学説の動向を考慮した上での理論的検討を加えて，判例についての解説を行うものです。法曹実務家，研究者，法科大学院生，法執行機関の職員など，多くの方々の執務や研究の一助になれば幸いです。

　この場を借りて一言申し上げたいことは，本シリーズの監修者の1人であるべき松浦繁氏が2006年11月に逝去されたことです。企画・立案の段階から精力的に参画された同氏を失ったことは痛恨の極みでした。ここに深甚なる哀悼の意を表するとともに，同氏のご霊前に本シリーズの刊行を報告することにつき読者のご海容をお願いする次第です。

　　　2007年初冬

　　　　　　　　　　　　　　　　　　　　監修者　渡　辺　咲　子
　　　　　　　　　　　　　　　　　　　　　　　　長　沼　範　良

〔著者紹介〕

羽渕清司（はぶち きよし）

（略歴）
1941 年　兵庫県生まれ
1966 年　慶應義塾大学大学院，司法修習を経て 1970 年 4 月裁判官に任命され，2005 年 3 月岐阜地方裁判所長を最後に退官。
2005 年 4 月から東洋大学法学部，同大学院法学研究科及び法科大学院教授，弁護士登録。

〈主要著作〉
「判例研究」法学研究第 41 巻第 3 号，第 42 巻第 11 号，第 43 巻第 5 号，第 46 巻第 2 号（1965 年～1970 年）
「判例の意義について」警察公論 32 巻（1977 年）
「採尿手続きについて」続実例刑事訴訟法（1980 年）
「租税ほ脱犯の審理について」慶應義塾大学法学部法律学科開設 100 周年記念論文集（1990 年）
「租税ほ脱犯の故意」刑事事実認定下（1992 年）
「裁判員制度と我が国の刑事司法の展望」小林充・佐藤文哉古希祝賀刑事裁判論集（2006 年）
「裁判における過失認定の実際」白山法学第 2 号（2006 年）
「名古屋高裁平成 15 年 3 月 17 日決定に関する研究」白山法学第 3 号（2007 年）

迅速な裁判／裁判の公開　　　　　　　　　刑事訴訟法判例総合解説

2007（平成 19）年 12 月 15 日　第 1 版第 1 刷発行　5801-0101　¥2200E, B150, PP112

著　者　羽渕清司
発行者　今井 貴・稲葉文子　　発行所　株式会社信山社　東京都文京区本郷 6-2-9-102
　　　　　　　　　　　　　　　　　　　電話(03)3818-1019　〔FAX〕3818-0344〔営業〕　郵便番号 113-0033
出版契約 2007-5801-0　　　　　　　　　印刷／製本　松澤印刷株式会社　渋谷文泉閣

© 2007, 羽渕清司　Printed in Japan　　落丁・乱丁本はお取替えいたします。　　NDC 分類 327.600 b39
ISBN 978-4-7972-5801-1　　　　　　　★定価はカバーに表示してあります。

〈日本複写権センター委託出版物・特別扱い〉　本書の無断複写は，著作権法上での例外を除き，禁じられています。本書は，日本複写権センターへの特別委託出版物ですので，包括許諾の対象となっていません。本書を複写される場合は，日本複写権センター(03-3401-2382)を通して，その都度，信山社の許諾を得てください。

判例総合解説シリーズ

分野別判例解説書の新定番　　　　　　　実務家必携のシリーズ

実務に役立つ理論の創造

緻密な判例の分析と理論根拠を探る

権利金・更新料の判例総合解説
石外克喜（広島大学名誉教授）　2,900円
●大審院判例から平成の最新判例まで。権利金・更新料の算定実務にも役立つ。

即時取得の判例総合解説
生熊長幸（大阪市立大学教授）　2,200円
●民法192条から194条の即時取得の判例を網羅。動産の取引、紛争解決の実務に。

不当利得の判例総合解説
土田哲也（香川大学名誉教授・高松大学教授）　2,400円
●不当利得論を、通説となってきた類型論の立場で整理。事実関係の要旨をすべて付し、実務的判断に便利。

保証人保護の判例総合解説〔第2版〕
平野裕之（慶應義塾大学教授）　3,200円
●信義則違反の保証「契約」の否定、「債務」の制限、保証人の「責任」制限を正当化。総合的な再構成を試みる。

親権の判例総合解説
佐藤隆夫（國学院大学名誉教授）　2,200円
●離婚後の親権の帰属等、子をめぐる争いは多い。親権法の改正を急務とする著者が、判例を分析・整理。

権利能力なき社団・財団の判例総合解説
河内　宏（九州大学教授）　2,400円
●民法667条～688条の組合の規定が適用されている、権利能力のない団体に関する判例の解説。

同時履行の抗弁権の判例総合解説
清水　元（中央大学教授）　2,300円
●民法533条に規定する同時履行の抗弁権の適用範囲の根拠を判例分析。双務契約の処遇等、検証。

婚姻無効の判例総合解説
右近建男（岡山大学教授）　2,200円
●婚姻意思と届出意思との関係、民法と民訴学説の立場の違いなど、婚姻無効に関わる判例を総合的に分析。

錯誤の判例総合解説
小林一俊（亜細亜大学名誉教授）　2,400円
●錯誤無効の要因となる要保護信頼の有無、錯誤危険の引受等の観点から実質的な判断基準を判例分析。

危険負担の判例総合解説
小野秀誠（一橋大学教授）　2,900円
●実質的意味の危険負担や、清算関係における裁判例、解除の裁判例など危険負担論の新たな進路を示す。

間接被害者の判例総合解説
平野裕之（慶應義塾大学教授）　2,800円
●間接被害による損害賠償請求の判例に加え、企業損害以外の事例の総論・各論的な学理的分析をも試みる。

相続・贈与と税の判例総合解説
三木義一（立命館大学教授）　2,900円
●譲渡課税を含めた相続贈与税について、課税方式の基本原理から相続税法のあり方まで総合的に判例分析。

事実婚の判例総合解説
二宮周平（立命館大学教授）　2,800円
●100年に及ぶ内縁判例を個別具体的な領域毎に分析し考察・検討。今日的な事実婚の法的問題解決に必須。

リース契約の判例総合解説
手塚宣夫（石巻専修大学教授）　2,200円
●リース会社の負うべき義務・責任を明らかにすることで、リース契約を体系的に見直し、判例を再検討。

入会権の判例総合解説
中尾英俊（西南学院大学名誉教授・弁護士）　2,900円
●複雑かつ多様な入会権紛争の実態を、審級を追って整理。事実関係と判示を詳細に検証し正確な判断を導く。

（各巻税別）

判例総合解説シリーズ

書名	著者	書名	著者
公共の福祉の判例総合解説	長谷川貞之	債権譲渡の判例総合解説	野澤　正充
権利能力なき社団・財団の判例総合解説	**河内　宏**	債務引受・契約上の地位の移転の判例総合解説	野澤　正充
法人の不法行為責任と表見代理責任の判例総合解説	阿久沢利明	弁済者代位の判例総合解説	寺田　正春
公序良俗の判例総合解説	中舎　寛樹	契約締結上の過失の判例総合解説	本田　純一
錯誤の判例総合解説	**小林　一俊**	事情変更の原則の判例総合解説	小野　秀誠
心裡留保の判例総合解説	七戸　克彦	**危険負担の判例総合解説**	**小野　秀誠**
虚偽表示の判例総合解説	七戸　克彦	**同時履行の抗弁権の判例総合解説**	**清水　元**
詐欺・強迫の判例総合解説	松尾　弘	専門家責任の判例総合解説	笠井　修
無権代理の判例総合解説	半田　正夫	契約解除の判例総合解説	笠井　修
委任状と表見代理の判例総合解説	武川　幸嗣	約款の効力の判例総合解説	中井　美雄
越権代理の判例総合解説	高森八四郎	**リース契約の判例総合解説**	**手塚　宣夫**
時効の援用・放棄の判例総合解説	松久三四彦	クレジット取引の判例総合解説	後藤　巻則
除斥期間の判例総合解説	山崎　敏彦	金銭消費貸借と利息の判例総合解説	鎌野　邦樹
登記請求権の判例総合解説	鎌野　邦樹	銀行取引契約の判例総合解説	関　英昭
民法177条における第三者の範囲の判例総合解説	半田　正夫	先物取引の判例総合解説	宮下　修一
物上請求権の判例総合解説	徳本　鎮・五十川直行	フランチャイズ契約の判例総合解説	宮下　修一
自主占有の判例総合解説	下村　正明	賃借権の対抗力の判例総合解説	野澤　正充
占有訴権の判例総合解説	五十川直行	無断譲渡・転貸借の効力の判例総合解説	藤原　正則
地役権の判例総合解説	五十川直行	**権利金・更新料の判例総合解説**	**石外　克喜**
使用者責任の判例総合解説	五十川直行	敷金・保証金の判例総合解説	石外　克喜
工作物責任の判例総合解説	五十川直行	借家法と正当事由の判例総合解説	本田　純一
名誉権侵害の判例総合解説	五十川直行	借地借家における用方違反の判例総合解説	藤井　俊二
即時取得の判例総合解説	**生熊　長幸**	マンション管理の判例総合解説	花房　博文
附合の判例総合解説	潮見　佳男	建設・請負の判例総合解説	山口　康夫
共有の判例総合解説	小杉　茂雄	相殺の担保的機能の判例総合解説	千葉恵美子
入会権の判例総合解説	**中尾　英俊**	事務管理の判例総合解説	副田　隆重
水利権の判例総合解説	宮崎　淳	**不当利得の判例総合解説**	**土田　哲也**
留置権の判例総合解説	清水　元	不法原因給付の判例総合解説	田山　輝明
質権・先取特権の判例総合解説	椿　久美子	不法行為に基づく損害賠償請求権期間制限の判例総合解説	松久三四彦
共同抵当の判例総合解説	下村　正明	事業の執行性の判例総合解説	國井　和郎
抵当権の侵害の判例総合解説	宇佐見大司	土地工作物設置保存瑕疵の判例総合解説	國井　和郎
物上保証の判例総合解説	椿　久美子	過失相殺の判例総合解説	浦川道太郎
物上代位の判例総合解説	小林　資郎	生命侵害の損害賠償の判例総合解説	田井　義信
譲渡担保の判例総合解説	小杉　茂雄	請求権の競合の判例総合解説	奥田　昌道
賃借権侵害の判例総合解説	赤松　秀岳	婚姻の成立と一般的効果の判例総合解説	床谷　文雄
安全配慮義務の判例総合解説	円谷　峻	婚約の判例総合解説	國府　剛
履行補助者の故意・過失の判例総合解説	鳥谷部　茂	**事実婚の判例総合解説**	**二宮　周平**
損害賠償の範囲の判例総合解説	岡本　詔治	**婚姻無効の判例総合解説**	**右近　健男**
不完全履行と瑕疵担保責任の判例総合解説	久保　宏之	離婚原因の判例総合解説	阿部　徹
詐害行為取消権の判例総合解説	佐藤　岩昭	子の引渡の判例総合解説	許　末恵
債権者代位権の判例総合解説	佐藤　岩昭	養子の判例総合解説	中川　高男
連帯債務の判例総合解説	手嶋　豊・難波　譲治	**親権の判例総合解説**	**佐藤　隆夫**
保証人保護の判例総合解説〔第2版〕	**平野　裕之**	扶養の判例総合解説	西原　道雄
間接被害者の判例総合解説	**平野　裕之**	相続回復請求権の判例総合解説	門広乃里子
製造物責任法の判例総合解説	平野　裕之	**相続・贈与と税の判例総合解説**	**三木　義一**
消費者契約法の判例総合解説	平野　裕之	遺言意思の判例総合解説	潮見　佳男
在学契約の判例総合解説	平野　裕之	遺留分の判例総合解説	岡部喜代子
弁済の提供と受領遅滞の判例総合解説	北居　功		

〔太字は既刊、各巻 2,200 円～3,200 円（税別）〕

信山社　労働法判例総合解説シリーズ
監修：毛塚勝利・諏訪康雄・盛誠吾

分野別判例解説書の新定番　　　　実務家必携のシリーズ

実務に役立つ　　　理論の創造

判例法理の意義と新たな法理形成可能性の追求

労働法判例総合解説 20
休憩・休日・変形労働時間制
柳屋 孝安 著（関西学院大学教授）
労働時間規制のあり方を論点別に検証

休憩時間と休日は、就業形態の多様化に伴い、従来の労働時間規制のあり方が見直しを迫られている。労働時間を自己管理する範囲の拡大、フレックスタイム制の導入、1ヵ月単位の変形労働時間制について、その実施要件や効果等々を論点毎に判例を整理し検証する。論点目次もついて、わかりやすく便利。
ISBN978-4-7972-5770-0 C3332　　　定価：本体2,600円＋税

労働法判例総合解説 37
団体交渉・労使協議制
野川 忍 著（東京学芸大学教授）
団体交渉権の変質と今後の課題を展望

「労働三権」は団体交渉権を軸としており、労働組合の中心的な役割が団体交渉により個別労働契約の本質的な不均衡を補うことにある。今までの団体交渉システムがもたらした法的課題、それへの司法の取組みを概観することは非常に重要である。本書は団体交渉の法的意義を捉えなおして将来を展望する契機とするだけでなく、曲がり角にある労働組合運動の将来を考えるうえでも不可欠の1冊。
ISBN978-4-7972-5787-8 C3332　　　定価：本体2,900円＋税

労働法判例総合解説 39
不当労働行為の成立要件
道幸 哲也 著（北海道大学教授）
不当労働行為の実体法理と成否を検証

格差問題やワーキングプアの存在が注目され、いまさらながらセーフティネットの重要性が強調されている。憲法論議においても、28条論はほとんどなされていない。労組法よりも従業員代表制度に関心が移りつつある。困難な状況において不当労働行為制度はどうなるか。判例を整理し判例法理を検討する。
ISBN978-4-7972-5789-2 C3332　　　定価：本体2,900円＋税

労働法判例総合解説シリーズ刊行にあたって

戦後、労働基準法や労働組合法等の労働法制が整備されて60年、労働事件裁判例も膨大な数にのぼり、今日では労働判例を抜きにして労働法を語れないほど、労働法判例は実務のなかで大きな役割を果たすに至っている。しかし、紛争の解決の具体的妥当性を求めて産み出された判例法理のなかには、時代の変化のなかで制度疲労を起こしているものもあろう。また、近年における企業と労働生活をとりまく環境の激しい変化のなかで、いまなお有効な手だてを見いだしかねている問題も少なくない。

今日、法的紛争は、集団的紛争から個別的紛争に大きく比重を移すとともに、個別的紛争も、解雇、賃金、労働時間から、過労死、職務発明、企業再編までとかつてないほど多様化し、そこで追求する価値も伝統的な労働者の権利からその新たな捉え直しや人格権や平等権のような市民的権利にまでと多元化しているからである。

それゆえ、「実務に役立つ理論の創造」を共通のねらいにした本総合判例解説シリーズが、40を超えるテーマについて労働法において編まれることの意義は大きい。これまでの判例法理を精査しその意義を再確認するとともに、多様な法的問題に新たな法理形成の可能性を追求する本シリーズが、裁判官や弁護士、審判員、相談員等紛争の解決にあたられている実務家や企業内の労使関係当事者に有益な素材を提供するとともに、今後の労働法学に大きく貢献するものとなることを確信している。（監修者の言葉）

〒113-0033 東京都文京区本郷6-2-9-101 東大正門前　　　　信山社
TEL:03(3818)1019　FAX:03(3818)0344　E-MAIL:order@shinzansha.co.jp
http://www.shinzansha.co.jp

信山社　労働法判例総合解説シリーズ

分野別判例解説書の決定版　　　　　　　　　　　　　　　**実務家必携のシリーズ**

実務に役立つ理論の創造

1 労働者性・使用者性　5751-9	皆川宏之	22 年次有給休暇　5772-4	浜村　彰
2 労働基本権　5752-6	大内伸哉	23 労働条件変更　5773-1	毛塚勝利
3 労働者の人格権　5753-3	石田　眞	24 懲戒　5774-8	鈴木　隆
4 就業規則　5754-0	唐津　博	25 個人情報・プライバシー・内部告発　5775-5	竹地　潔
5 労使慣行　5755-7	野田　進	26 辞職・希望退職・早期優遇退職　5776-2	根本　到
6 雇用差別　5756-4	笹沼朋子	27 解雇権濫用の判断基準　5777-9	藤原稔弘
7 女性労働　5757-1	相澤美智子	28 整理解雇　5778-6	中村和夫
8 職場のハラスメント　5758-8	山田省三	29 有期労働契約　5779-3	奥田香子
9 労働契約締結過程　5759-5	小宮文人	30 派遣・紹介・業務委託・アウトソーシング　5780-9	鎌田耕一
10 使用者の付随義務　5760-1	有田謙司	31 企業組織変動　5781-6	本久洋一
11 労働者の付随義務　5761-8	和田　肇	32 倒産労働法　5782-3	山川隆一・小西康之
12 競業避止義務・秘密保持義務　5762-5	石橋　洋	33 労災認定　5783-0	小西啓文
13 職務発明・職務著作　5763-2	永野秀雄	34 過労死・過労自殺　5784-7	三柴丈典
14 配転・出向・転籍　5764-9	川口美貴	35 労災の民事責任　5785-4	小畑史子
15 昇進・昇格・降職・降格　5765-6	三井正信	36 組合活動　5786-1	米津孝司
16 賃金の発生要件　5766-3	石井保雄	37 **団体交渉・労使協議制**　5787-8	野川　忍
17 賃金支払の方法と形態　5767-0	中窪裕也	38 労働協約　5788-5	諏訪康雄
18 賞与・退職金・企業年金　5768-7	古川陽二	39 **不当労働行為の成立要件**　5789-2	道幸哲也
19 労働時間の概念・算定　5769-4	盛　誠吾	40 不当労働行為の救済　5790-8	盛　誠吾
20 **休憩・休日・変形労働時間制**　5770-0	柳屋孝安	41 争議行為　5791-5	奥野　寿
21 時間外・休日労働・割増賃金　5771-7	青野　覚	42 公務労働　5792-2	清水　敏

各巻 2,200 円〜3,200 円（税別）　※予価

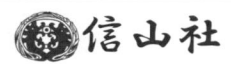

〒113-0033 東京都文京区本郷6-2-9-101 東大正門前
TEL:03(3818)1019　FAX:03(3818)0344　E-MAIL:order@shinzansha.co.jp

信山社

HOMEPAGE:http://www.shinzansha.co.jp

信山社　刑事訴訟法判例総合解説シリーズ

分野別判例解説書の決定版　　　　　　　　　　　　　　実務家必携のシリーズ

実務に役立つ理論の創造

第1　捜　査

1　職務質問と所持品検査
2　任意捜査と有形力の行使　　　加藤克佳（愛知大学）
3　任意捜査において許される捜査方法の限界
　　　　　　　　　　　　　　　寺崎嘉博（早稲田大学）
4　任意同行と被疑者の取調べ　　鈴木敏彦（横浜地検）
5　国際的な犯罪　　　　　　　　渡辺咲子（明治学院大学）
6　逮捕に関する諸問題　　　　　長沼範良（上智大学）
7　勾留に関する諸問題　　　　　高部道彦（成蹊大学）
8　身柄拘束と被疑者の取調べ　　洲見光男（明治大学）
9　被疑者の弁護人　　神田安積（西新橋総合法律事務所）
10　令状による捜索差押え　　　　宇藤　崇（神戸大学）
11　令状によらない捜索差押え　　多田辰也（大東文化大学）
12　強制採尿・通信傍受等の強制捜査
　　　　　　　　　　　　　　　大澤　裕（名古屋大学）

第2　公訴・公判手続

13　検察官の起訴裁量とそのコントロール
　　　　　　　　　　　　　　　五十嵐さおり（新潟大学）
14　公　訴　　　　　　　　　　波床昌則（東京高裁）
15　起 訴 状　　　　　　　　　田中　開（法政大学）
16　被 告 人　　　　　　　　　山口雅高（千葉地裁）
17　被告人の勾留・保釈　　　　　中川博之（大阪地裁）

18　訴因変更　　　　　　　　　佐々木正輝（早稲田大学）
19　弁 護 人　　神田安積（弁護士）・須賀一晴（弁護士）
20　公 判 準 備
21　公判手続・法廷秩序　　　　　廣瀬健二（横浜地裁）
22　迅速な裁判／裁判の公開　　　羽渕清司（東洋大学）

第3　証　拠

23　証拠裁判主義・自由心証主義　安村　勉（立教大学）
24　違法収集証拠の排除法則　　　渡辺　修（甲南大学）
25　証人尋問(1)　　　　　　　　木口信之（東京地裁）
　　証人尋問(2)　　　　　　　　秋山　敬（東京高裁）
26　科学的証拠　　　　　　　　小早川義則（桃山学院大学）
27　自　白　　　　　　　　　　渡辺咲子（明治学院大学）
28　伝聞法則　　　　　　　　　杉田宗久（大阪地裁）
29　伝聞の意義　　　　　　　　堀江慎司（京都大学）

第4　1審の裁判・上訴・再審

30　実 体 裁 判　　　　　　　　朝山芳史（大阪地裁）
31　裁判の効力　　　　　　　　中野目善則（中央大学）
32　上訴の申立　　　　　　　　大渕敏和（広島高裁）
33　上訴審の審理と裁判
34　再審と非常上告

各巻 2,200 円～3,200 円（税別）　※予価

刊行にあたって

　判例総合解説シリーズは、「実務に役立つ理論の創造」を狙いとして各法律分野にわたり判例の総合的解説をするものですが、このたび刑事訴訟法についても刊行を開始する運びとなりました。
　現在、刑事訴訟法の分野でも膨大な裁判例が集積され、それらの裁判例に接することは、判例データベースの普及により容易になっています。しかしながら、多くの裁判例の中から適切な判例を検索・抽出し、判例の射程を見極めたり、判例理論を見出したりすることは、必ずしも容易ではありません。さらに、判例に対する理解を深め、その位置づけを知るためには、学説の動向にも留意する必要があります。こうした観点から、本シリーズは、刑事訴訟法の主要なテーマごとに、判例を整理し、判例の推移や学説の動向を考慮した上での理論的検討を加えて、判例についての解説を行うものです。法曹実務家、研究者、法科大学院生、法執行機関の職員など、多くの方々の執務や研究の一助になれば幸いです。
　この場を借りて一言申し上げたいことは、本シリーズの監修者の1人であるべき松浦繁氏が2006年11月に逝去されたことです。企画・立案の段階から精力的に参画された同氏を失ったことは痛恨の極みでした。ここに深甚なる哀悼の意を表するとともに、同氏のご霊前に本シリーズの刊行を報告することにつき読者のご海容をお願いする次第です。

2007年初冬　監修者　渡辺咲子・長沼範良

〒113-0033　東京都文京区本郷6-2-9-101　東大正門前
TEL:03（3818）1019　FAX:03（3818）0344　E-MAIL:order@shinzansha.co.jp

信山社
HOMEPAGE:http://www.shinzansha.co.jp